Knowledge BASE 系列

一冊通曉●不可不知的基礎人文知識

圖解社會學

吳逸驊⊙著

從社會學的圖像領略豐富

文◎彭懷真（東海大學社工系副教授兼教師會理事長、中華民國幸福家庭協會祕書長）

一、引言中的引言：從我的慘痛教學經驗說起

在收到這本書原稿的五分鐘之內，我就決定下學期的「大一社會學」要用這本書當作教科書。我講授社會學已經二十年，自己也寫過銷路一直不錯的社會學入門書，校訂過別人翻譯的社會學導論、參與過辭典的編輯，當然閱讀過不計其數的社會學入門書。但是對於如何向愈來愈年輕的學習者介紹社會學，卻感到壓力很大。

我每年任教科目中，「社會學」是我最常教的一門，是我最有心得的一門，但也是學生評鑑最低分的一門，這讓我挫折很深。我再三檢討，不相信自己的表達能力到了這門課就差了，更不相信社會學大師的睿智不再有說服力，不相信社會學理論不再具有解釋力，更不相信社會學知識難以吸收。但事實擺在眼前，我苦思不解，學生清楚表明：「不易接收社會學的知識。」他們考試成績的不理想更使他們抗拒這個寶貴的知識領域。

我試著改變方式授課，增加討論、從新聞事件中分析、播放電影、以及用圖用表來說明。對於Y世代，身處e化風潮的年輕人來說，大量文字實在不是好的溝通方式，「看圖說理論」是不錯的選擇。如今終於看到了一本以圖解來說明社會學的教科書，書中有好些我平日就用來向學生解說的圖，只是更清楚、更完整、更容易懂，更重要的，全書各章都包含圖，實在太方便了。對於習慣以圖像接收訊息的下一代，非常直接、非常好用。

二、社會學是有用又有趣的知識領域

社會學的最簡單定義是「研究社會的科學」，我們每一個人都是社會人，都生活在人群中，也都受到社會的影響，因此了解我們所處的環境非常重要。尤其對於即將在成人世界生存打拚的人來說，認識社會與認識人群等於是為自己尋求安身立命的保障。畢竟「知識就是力量」，有知識就容易有正確判斷，

社會學是過去許多專門以科學的方法研究社會的人所累積的知識，累積出各種對我們有用的觀念，讀者假如能夠多吸收這些訊息，一定可以基於正確的認識減少犯錯。

專門讀社會系是大學生很好的選擇（我和我的兒子都以社會學為我們大學時代的主修，我女兒也修過這門課），因為這領域能夠幫助人們打下紮實的理論基礎，又有很高的應用性。對於有志了解社會科學的人，社會學也是最好的一門入門知識。因為社會學也探究政治制度、經濟制度、法律體系、政府組織等，所以先了解社會學，再讀政治學、經濟學、法律、公共行政等都是最佳的途徑。對於有志從事對人群直接服務的年輕人，社會學的知識更是少不了。我們越認識社會，愈能對其中弱勢者提供較佳的服務。所以每個社會工作系都以社會學做為必修課，而且通常安排在大一，我過去十多年每年陪社工系的新生一起研讀，希望他們在學習成為一個專業的助人者時，對服務對象及對方所處的環境能有更清楚的了解。

現代高等教育的趨勢是非常重視通識課程，希望大學畢業生除了本科專業之外，能對其他知識領域有一基本概念。其中絕對不能少的當然是「社會學」，社會學的知識廣博豐富，相關的研究成果很多，一定能滿足每一個期待充實自己的年輕生命。

三、愛台灣與讀社會學有關

社會學的探究不是僵化的理論，而是隨時檢視、不斷反省、推陳出新的。社會學的思考是使人有反省力，對很多人所講的現象保持批判，使人兼具冷靜的腦與溫暖的心。例如近年來，「愛台灣」的聲音此起彼落，這樣的訴求偏重感性，還有一絲政治味。若從社會學的各個觀點，會更仔細、更周全。包括：如何多了解台灣的社會組織、社會結構、社會階層和很特殊的台灣人性格等，然後可以考慮如何以比較有效的方法去愛、分析台灣在全球化中的位置、探討愛台灣這議題在各方面的影響性等等。社會學的知識既深且廣，一方面是全球性的，諸多理論對於不同社會都具有強大解釋力，同時，它也試著對不同地區的差異做觀察分析，並且針對各地區的特殊之處有所整理。

　　我們台灣社會的發展經驗就很特別，下列現象都值得追蹤。比如說，在醫療照顧中逛醫院（doctor-shopping），喜歡介紹醫生等。又如宗教界的八家將文化；都市中都市原住民的認同危機；台北與非台北的資源分配問題；富裕台灣中的貧困與紊亂。以我們熟悉的家庭來說：結婚的不住在一起，不結婚的卻住在一起，已經離婚的卻上床，不離婚的卻感情冷淡等。台灣人有一份主要職業，另有兼職的現象普遍。政治參與中賄選、請客、政客跑婚喪喜慶（白天參加喪禮送人上山、晚上參加婚禮送人進洞房）、人民對政治人物下跪求情。台灣充滿了情色，有全球少見的檳榔西施文化，這個島處處賭博，人民總是以旺盛的生命力尋求機會，工作時間每年將近兩千三百小時，是全世界第一長，人民壓力普遍很大，自殺率也在全球名列前茅……。

　　這一連串的現象都很特別，值得觀察了解，你可能都有些興趣想要了解。當你進入社會學的世界，讀了這本《圖解社會學》，再看看這些經常聽到、看到的社會現象時，一定能提出更多元、更豐富、也更精準的看法。當然本書是以圖像為主，書也不能太厚，所以有些部分顯得過於簡化。有些理論只能挑選最重要的部分說，還要配合實際的例子，很難周全地說明。日後，如果能進一步根據社會學的幾大主題分別再撰寫編輯圖解的書，就更好了。

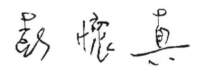

一窺社會學堂奧就從本書開始

文◎林淑鈴（高雄醫學大學醫社系副教授）

　　二○○四年五月中旬高雄醫學大學（前身高雄醫學院）醫社系慶祝成立十五週年，在系友餐會中見到睽違已久的畢業生，包括十年前曾是醫社系一員，也是《圖解社會學》一書的作者——吳逸驊先生，席間吳先生邀請本人為其新書寫推薦序。約莫一年前他曾提起想寫一本社會學，提供未曾學過社會學或其初學者閱讀之用，這件事原來是真的。受邀寫序當時本人微笑以對：「原來我年紀已經大到可以幫人家的書寫序！」認真算來，筆者浸淫於社會學與從事教學研究的時間，確實已大到可為一本書作序，想起過去常有機會為拙著書寫序言、謝誌、摘要，此刻卻首度為他人著作寫序，感覺相當新奇！更令人欣喜地的是十多年前我曾在南台灣埋下的社會學種子，如今竟以《圖解社會學》一書萌芽。

　　回想一九八○年代筆者初學社會學的經驗，當時第一次到台北上大學，心情五味雜陳，心想從此離家在外，必須學習獨立，記得第一次住進大學的學生宿舍，強忍淚水，看著家人的身影漸行漸遠；憶起第一次接觸社會學，看著講台上教授口沫橫飛地談論歐洲社會學思潮，社會學古典三大家——馬克思、韋伯、涂爾幹，時而以社會學角度針貶台灣社會現象。而後一九九○年筆者毅然告別繁華過度的台北市，踏上南台灣的社會學教學之路，第一次站在大學講堂傳授「社會學是什麼？」每每緊張過度，準備一堆教材，老在上課前自忖準備的教材是否太少？教材若是講完，還沒下課，該怎麼辦？想起第一年上高醫醫社系的社會學，曾有學生吐槽：「社會學太抽象了，跟我們以前學的自然科學怎麼差別那麼大？我們不知道老師上課在講什麼？」同年領教了復健系、醫技系與心理系一百五十多人合班上普通社會學的場面，看見無心上社會學的學生，寧可低頭背誦本科系的教科書。昔日筆者學習社會學的熱情，與南台灣學子對於社會學知識的冷漠恰成強烈對比，但多年來學子們的冷漠未曾澆熄我的教學熱誠，我心裡總想著醫學院學生不易吸收社會學、對社會學不感興趣的原因，不只是台灣社會重理工醫、輕社會人文之教育政策與文憑主義作祟的結

果，其間自然科學訓練與社會科學思維間確實存在難以跨越的鴻溝。

　　說起台灣的教育政策，筆者也是受害者，因為聯考表現失常，我陰錯陽差地與社會大眾認定比較有出路的商學系與法學系擦身而過，放榜後懷疑自己考上東吳大學社會學系，痛恨唸完該科系之後，不知道到底自己能夠做什麼。但是入學一年之後，我開始慶幸這樣的陰錯陽差，因為不小心進了社會學系，才有機會喜歡上社會學。猶記得當時社會學教授蔡明哲先生認真準備上課教材，指定兩本教科書，其一是已故社會學家楊懋春先生編著的中文社會學，另一本是英文社會學教本。想起當初同班同學初次接觸社會學多是一頭霧水，再拿到一本英文社會學教科書，簡直一個頭兩個大，像北部與中、南部學生的英文程度有別，北部學生閱讀英文社會學較中、南部學生易於進入狀況。蔡教授有感於學生吸收英文社會學有障礙，於是邀請社會學研究所學長姐帶領大一英文社會學導讀，規定大一同學每週寫一份作業，問題是即便我們都查過英文單字也不見得能讀懂英文書的意思。基於學長姐與同學們的年紀相近、求學歷程相當，加上他們已經克服英文社會學閱讀的障礙，再經由小組討論方式，同學們既能克服與任課教授之間的距離，而且比較敢發問，更有機會表達自己的想法，因此學長姐成為大一新生最好的社會學詢問對象。直至今日我仍牢記當年受惠於社會學導讀之總總經驗，並保留當時兩本社會學教科書，因為上面有許多年少時代的社會學學習印記。

　　除對社會學導讀熱衷外，大學求學期間我對於許多事物都抱持高度好奇，因為無法滿足於教授上課提供的教材，於是常跑圖書館、逛書局，每當發現名叫《社會學》或《社會……》，即便無法馬上看完，一定將該書取下翻閱，書局一站就好幾個小時，因此訓練相當不錯的腳力，往後當我必須進行田野調查時，經常能走上相當長的一段路，而不需要交通工具。在翻閱圖書館與書局各式社會學相關書籍時，讓我看清社會學的知識不可能在一本教科書當中完整呈現，每一本書正如其作者的觀察角度，必有侷限性。經由不同作者、不同書籍的比較，我如實體會社會學強調的多元視野以及批判懷疑的精神，這一切正為我往後在準備社會學課程，並傳授社會學知識時，埋下求新求變的基礎。

　　談及吳逸驊先生自高雄醫學院醫社系畢業，他與許多高醫醫社系甚至醫學院其他科系的學生一樣，原本多是高中第三類組的學生，最能感受由側重自

然科學教育轉向以社會科學方式思考的困境。自一九八〇年代以來，高雄醫學院如台灣其他醫學院般，逐漸省悟醫學教育不能窄化成自然科學教育，不應再將醫療專業人員訓練成只關注疾病、只會看病的機器，教育他們關照病人身、心、靈之整體需求，以提供適切的、人性化的醫療服務成為刻不容緩的事。各醫學院校希望學生多接受社會人文科學訓練，高醫醫社系的設立與社會學教學工作正是如此教育理念下的一環。因為吳先生早年有此學習與成長經驗，當他由高醫醫社系以及行為科學研究所畢業之後，即開始思索如何寫一本《社會學》供未曾唸過或想學社會學的人之用。

　　如今吳先生完成如此宏願，深值慶賀！論及《圖解社會學》一書之特色，筆者以為本書涵蓋目前市面上所有中、英文社會學教科書的章節，文字淺顯易懂、例子生動活潑，它能同理初學者之學習狀態，而不只是非社會科學訓練的醫學院學生之處境。比如在第一篇介紹「社會學是什麼？」，以圖解方式比較數學方程式、自然科學與社會學的差別；在第六篇討論「社會制度」時，以圖解方式比較生物有機體與社會制度的關連，如此將有助於跨越自然科學教育與社會學思維之鴻溝；在第十篇談論有關「社會階層化」時，以名片為例說明權力、地位、財富等概念，如此當能促使初學者順利進入社會學思維的殿堂。本書巧妙地將文字與圖畫、漫畫相互搭配，正是它最有趣的地方，也是既有社會學教科書缺乏的特色，想必如此編排方式能受到年輕學子的喜愛。除外，本書若干章節討論台灣社會刻正發生的社會現象，諸如飆車、援交、失業、外籍新娘、檳榔西施、原住民權益運動等，可見其不僅關照本土社會脈動，更不忘將台灣社會發展置於全球政經體系中思考。如此新穎且有創意的編著風格，期待對社會學有興趣卻不得其門而入的學子們能把握機會窺其堂奧。

高雄醫學大學醫社系　林淑鈴

二〇〇四年七月五日於打狗城

Chapter 1　社會學是什麼？

Chapter 2　我們生活的真真假假

Chapter 6　社會制度

Chapter 7　社會學如何看經濟制度？

Chapter 8　社會學如何看國家政治制度？

Chapter 9　不平等、偏差行為與社會控制

社會學是什麼？

　　本篇章主要目的是提供讀者關於「社會學」簡單概念，而不是何謂社會學問題的標準答案。因為社會學的最大特性就是教人如何反省與批判，藉由不斷的反身自省，才能看清楚自己與社會的關係。我們也可以說，社會學是一門研究「關係」的學問，例如：人與人的互動、個人與社會的關係，以及不同社會間的關係，而其最終目標是，在複雜的社會現象中尋找出一條基本的規則，像是社會學古典三大家的理論，便是嘗試解釋資本主義運作的規則。

學習重點

★ 何謂「社會」？

★ 影響社會學思潮的歷史大事件

★ 啟蒙運動後的實證主義

★ 社會學與常識的關係

★ 社會學家的研究取向

★ 社會學是一門「科學」嗎？

★ 什麼是本土社會學？

社會與個人的關係

社會由「人」組成，「人」可說是社會學研究的基本單位，但是若只探討「人」，往往忽略社會環境的影響，而有「見樹不見林」的偏誤；相反地，若只研究「社會」而不理解人的行動，可能又陷入「見林不見樹」的迷思。因此，想達到「見樹又見林」的目的，不妨先理解社會與個人的關係為何？

人群是社會學研究的對象

在學校，理工科系處理的是自然界、物理界的課題，實驗室是他們的研究場所，並以嚴密的研究方法求得結論。而社會學是一門與「人群」有關的學問，「社會」是社會學家的研究場所，換句話說社會學是處理關於「人」的課題，而不是「生物界」。因此社會學無法像自然科學一樣，把某一社會隔離起來執行「白老鼠」研究，不僅倫理上無法接受，人類行為的多變性也無法加以控制。

想要了解「一個人」的行為，已經相當不容易，何況是由人群所構成的社會，至今沒有一門學問能夠全然解釋人們的行為；話雖如此，不表示社會學沒有存在的價值。接下來，我們以小明失業的例子，來理解社會學的研究觀點。

社會大於個人的總和

小明工作兩年之後被老闆解僱，公司的理由是小明的工作態度不佳。小明面臨失業後，再次尋找工作卻處處碰壁，無法找到適合的工作，因此小明在失業一年後，他的家庭也陷入經濟困境。

試著分析小明的失業問題，你的答案或許會是，小明被解僱的原因是工作不努力，或人格特質（懶惰、不積極）所導致，因此無法得到上司肯定而被解僱。後來，小明想找工作卻四處碰壁，你可能建議他應該去學習第二專長並充實自我。這是一般人經常有的觀念—社會問題通常來自於個人的人格特質，只要「一個一個」解決就行了，但是社會學觀點則不同。

社會學告訴我們，雖然人是社會的基本組成，但是社會的力量絕不等同於一群人的聚集，往往是大於人的總和，進而反過來宰制個人的處境。為何如此？因為人與人、人與社會之間，像是命運共同體一樣無法脫離相互連結的關係。因此，小明的例子，從社會學觀點來看，可能會去調查目前失業率、非自願性失業的原因、小明的所學背景等等社會結構的問題。但這並不表示社會學不重視個人問題，只是社會學把個人看成社會縮影，「從一粒沙看到全世界」。

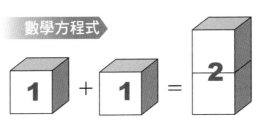

數學方程式

自然科學

2氫　　　1／2氧　　水（H_2O）

$H + H + O_2 = H_2O$

自然科學的範疇

社會學

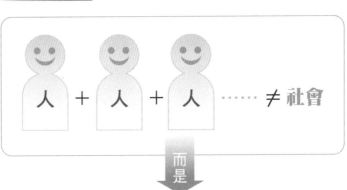

人 ＋ 人 ＋ 人 …… ≠ 社會

而是

社會 > 人的總和

社會科學的範疇

社會學知識往往能改變一般人的思考方式與價值觀，使得我們對某一社會現象的看法更細緻，更具有批判性，同時能找到說服自己與他人的論述。

17

社會學與常識的關係

社會學研究多數取材於社會各層面，例如：我們居住的社區與國外社會文化的比較，或與社會變遷的研究，都是把看似平常無奇的生活經驗與常識，以社會學的方法建立一套「言之有物，看似有理」的解釋，用以說服他人或論證常識的不足與謬誤之處。

常識─解釋生活經驗的基礎

人類為了求生存，解決生活中各種疑難雜症，需要一些「知識」來應付不時之需，例如「生火」。古人知道可以用鑽木來取火，就算不清楚為什麼可用此方法來生火，但在先人智慧的傳承下，仍有著一套具體的方式，只要跟著做就能克服困難。

這類生活中的常識也是評論社會現象時常用的知識，例如：因為男女性格與體力的差異，所以男生在外工作的機會比女性多；大部分的人都愛財富，只要有賺取高所得的工作機會一定勇往直前。這些常見的思維方式，即是以常識來合理化社會成員的行為，但常識是否為真實現象或正確的知識，或者存在著某種偏見，常識本身對此並不提供反思的路徑。

社會學─發現生活經驗的隱藏規則

社會學之所以成為一門知識，就是因為與自然科學一樣，社會學能發現事情表層下的規則。

當然，社會學處理的課題是變異性、變動性大的人類生活，並無法精準地找出「真理規則」，何況社會學家也是社會中人，也會受到常識影響。因此常識常被用於社會學家建構假設時的「資料庫」，並做嚴格檢驗，從而對常識進行判斷：同意、反對或拒絕。

社會學與常識的特質

社會學與常識的關係並不全然對立，常識也有「正確」的時候，當然也有「失誤」。由於常識與價值觀牽連很大，讓常識的變動性大增，例如：傳統認為「男主外、女主內」，事實上現在社會中有許多男人是「家庭煮夫」。

常識的變異性大，那麼社會學被視為一門知識學問，是否就沒有這個問題？事實不然，社會學家即使看待同一問題的角度也不同，例如古典三大家：馬克思、涂爾幹、韋伯對資本主義的看法就存在極大的差異。

那麼常識與社會學，我們應該「相信」哪種論述方式？社會學不會回答這

問題，社會學只會說「事情絕不像表面一般」。

常識

1. 男主外、女主內
2. 女人要嫁有錢人
3. 同居是不可行的事情
4. 窮人是自己不努力
5. 教育最重要的是人格培育

論證

**社會學
想像**

社會

抽離

發現社會中習以為
常的常識，注入社
會學想像，以發現
表象下的意義。

社會學觀點

1. 這是性別差異或不平等？
2. 女人需要以婚姻來提昇其社會階層？
3. 同居與婚姻生活的差異？
4. 窮人可能是非自願性失業的結果？
5. 哪一種教育是最佳的方案？

影響社會學的重要事件

回顧歷史，任何思想與知識無不受到所處社會環境的影響。對於以人類社會為研究對象的社會學來說，更不能忽略外在社會、政治環境的變遷，對社會學知識的發展方向所帶來的衝擊。從十八世紀以來，受啟蒙運動與兩大革命的影響，不但確立了「社會學」一詞也豐富了社會學的內涵，奠定了今日社會學的面貌。

啟蒙運動的衝擊

十八世紀的啟蒙時代，無庸置疑地改變人文科學的思維模式，尤其社會學受啟蒙思潮的影響甚鉅。

啟蒙時代以前是以「神學與形而上學」為主的時代，人文學科對社會現象的理解，脫離不了宗教觀、形而上學等觀點，以現在觀點來說就是「不理性」。

而在啟蒙運動之後的思想家認為人類可以經由理性與經驗研究的手段，來控制與理解宇宙，例如：牛頓物理學，並且認為控制自然界的法則與社會法則是一致的，同樣也適用於社會學的研究，因此被稱為「實證主義」。後來社會學被視為等同自然科學的「科學」，這也是現在有些學者稱社會學為一門「科學」的原因，最顯著的例子就是民意調查研究，其研究方法雷同於實驗室中的研究方法。

兩次革命豐富了社會學

人的思維模式與社會環境改變有關，社會學思想也是。在社會學獨立成為一門學問的發展過程中，歷史上的兩次革命衝擊了社會學思潮，一個是法國大革命，另一是工業革命。

一七八九年的法國大革命，是政治歷史上的重大變革，法國大革命在某種意義上是人類主張全面自由與平等的運動，雖然當時並沒有成功達到這個理想，卻奠定往後「民主政治」的基石。社會學關心的課題則是在政治變革下，如何重現社會秩序。

十九世紀到二十世紀的工業革命，以機器代替手工，使得大量農民離開農地進入工廠工作，工廠也不斷更新設備與管理制度，整個社會制度也隨之變革，資本主義的社會型態悄悄誕生。隨著工業化導致的社會巨變，激起社會學家對於資本主義社會型態的批判，並積極尋求社會問題的解決之道。

社會學一詞的確立

　　歷史上「社會學」（Sociology）名詞的出現，是由十九世紀的社會學家孔德所確立。孔德出生在一七九八年的法國，面對法國大革命所產生的社會動盪，促使孔德希望發展出一個理性的方法來探究社會，以發覺問題。他捨棄神學與形而上學不切實際的想像，反過來探究「實實在在」的研究對象，即所謂的「實證研究法」，用以分析問題並尋求答案，期待建立一個更穩定的社會秩序。這樣的研究方法他命名為「社會物理學」，後來才改成「社會學」，即是「社會的學問」之意。自此建立社會學的內涵（理性與科學），並確立「社會學」一詞。從此孔德被後人尊稱為「社會學之父」。孔德的社會學研究區分為社會動態學與社會靜態學，前者關注社會變遷問題，後者以社會結構為課題。

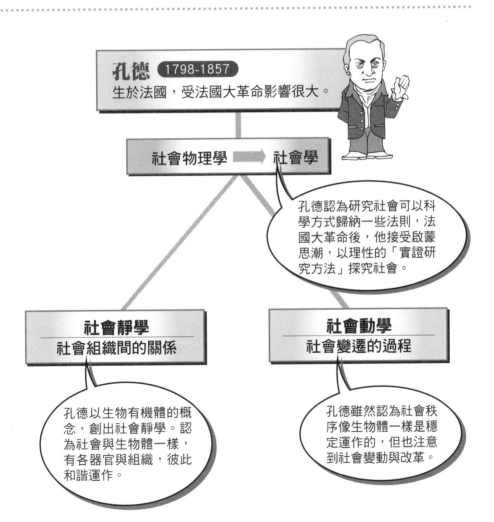

孔德　1798-1857
生於法國，受法國大革命影響很大。

社會物理學　➡　社會學

孔德認為研究社會可以科學方式歸納一些法則，法國大革命後，他接受啟蒙思潮，以理性的「實證研究方法」探究社會。

社會靜學
社會組織間的關係

社會動學
社會變遷的過程

孔德以生物有機體的概念，創出社會靜學。認為社會與生物體一樣，有各器官與組織，彼此和諧運作。

孔德雖然認為社會秩序像生物體一樣是穩定運作的，但也注意到社會變動與改革。

21

社會學是一門「科學」！？

「不科學」常是用來斥責「不理性」的行為，例如：只吃香灰來治病，就會被斥責太迷信了，應該去尋求「科學的」西醫治療。那麼什麼是「科學」？社會學被歸為一門人文「科學」一支的意涵為何？

什麼是科學？

十八世紀的啟蒙運動，把人類思想從「神」與「形而上」的學問中解放出來，科學就是關鍵。

一般來說，科學包含兩種意涵：合乎邏輯、眼見為憑。合乎邏輯，就像數學一樣，每一個推演步驟應是因果關係明確的結果，這是不帶感情的過程；眼見為憑，則是觀察研究的對象不再是「神」這種虛無飄渺的事物，而是感官知覺得到的事實，也是每一個人都能看到的事實。

堅守此兩者科學特性的科學家，在研究過程中去除個人主觀評斷，把研究對象當成全然的客體並與其保持距離，以求得研究客觀性。因此，所謂「科學」，即是不管誰來做同一個研究，都能得到一致性的結果，這樣的研究可以被稱為很科學、很客觀。

反之，如果一個研究，每個人做出來的結果都不同，那麼我們稱之為「不科學」；如果研究對象是不存在物理界的，或是研究者涉入太多自己的意見，則稱之為不客觀。

客觀性—社會學同意也不同意

如果某人對某件事情的論調太執著或堅持己見，我們會稱他「不夠客觀」，同時隱含「不科學」的評論。反過來說，社會上存在著「絕對客觀」的事情嗎？答案通常是否定的。尤其是社會學所處理的課題是社會成員「有意義的行動」，即是行動發生時行動者的思想過程，因此我們無法將研究對象隔離，例如研究同性戀文化，社會學家不可能把同性戀者隔離在某一個地方進行研究。因此，「客觀性」在社會學來說是「相對主觀」的結果，即是研究對象不全然是獨立於研究者之外的「客體」，研究者也不是唯我獨尊的「主體」，研究過程與結論是雙方相互作用下的結果。

社會學是一門科學

那麼，社會學算不算一門科學？以前文所述的科學意涵，基本上社會學是

一門科學，但是與自然科學不盡相同。原因在於社會學研究的對象，不是物理界，而是變化多端的社會，研究者只能盡量保持價值中立，進入研究場域收集資料。

　　儘管如此，社會學同意研究時需要保持客觀性，但是何謂社會學「客觀性」，只能依靠社會學界「主觀的」相互評論下獲得較為一致的結論。

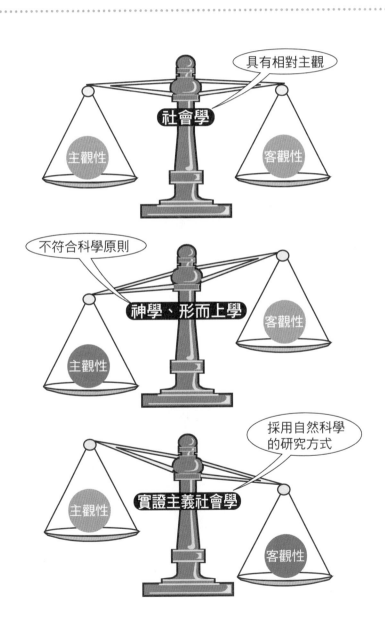

社會學家的研究取向

想具體理解社會學意涵，最簡單的方法是先了解社會學家針對某一社會議題所採取的研究觀點。紀登斯在所著的《社會學》一書中將社會學問題分成四大類：事實性問題、比較性問題、發展性問題、理論性問題等，幾乎涵蓋了社會學多數的研究課題，不過實際從事研究時，上述取向通常是交叉運用。

單一社會議題研究

社會事件相當複雜，小至團體、公司組織，大到國家社會，甚至某一個時代潮流，皆是社會學家關心的議題，而議題的選擇，端看社會學家的價值判斷。

或許基於好奇心，或想對社會做出貢獻，許多社會學研究常以單一社會議題做為研究對象，例如：飆車問題、貧窮問題、失業問題等等，這些問題都屬於淺而易見的事實，社會學家們則以不同角度、不同研究方式進行探究，即是所謂「事實性」研究。

跨場域的比較研究

單一議題研究可以深入探討問題，不過有時候「比較」能讓「真相」更清楚，「閉門造車」往往會有盲點，例如：台灣目前失業率居高不下，那台灣與其他國家比較後是否依然是「居高」呢？透過「比較性」研究，讓我們知道單一社會議題的廣度，以及此議題是否普遍存在於不同的社會文化，同時明白該社會如何看待同一問題，凸顯自身社會對此議題的反省。

鑑古知今的研究

上述兩類的研究取向一般是在對同一時間發生的事件進行研究，社會學不僅研究存在於「此時此刻」的社會議題，也對過去與未來的有關議題，經由比較過去與未來相同的事件以得出「接近真實」的結論，即所謂「發展性」課題。例如：想要了解現在人反對「教改」的理由，可以比較從古至今聯考制度下的人們對教育的看法。

社會理論是研究的基本

上述三個研究取向，被稱為「經驗性」課題，社會學家以日常生活經驗為研究資料，加以分析與描述，闡述該事情如何發生；但是如果要回答該事情為何會發生，就需要「理論性」的解釋。例如：經由調查發現失業人口數與教育程度有關，這是經驗性研究範圍，但要解釋為何兩者有關，就需要理論來說明。

當然理論不僅做為經驗性研究的解釋基礎，理論更讓社會學者對於社會各

種議題的理解更深入，在提出研究問題時才不會流於「膚淺」。

如果要做一個關於「援交」的議題研究，你會採用哪一種取向思考？以單一議題取向，發問卷調查了解現況；或跨文化比較，分析日本與台灣「援交」文化的差異；或者你要從人類性史來解讀；還是以兩性社會學理論出發，解釋「援交」文化的性別議題？

深度　　　　　　　研究的比較範圍　　　　　　　廣度

深度

研究的時間軸

廣度

單一議題
台灣援交現況

跨場域比較
日本與台灣援交狀況

理論的二功能
1. 解釋現象
2. 提出問題

例如：以兩性社會學解釋、人類學觀點考掘等等。

發展性課題
華人歷史上「援交」的演進

其他學科與社會學的關係

如果我們同意社會學是以「人類社會」為研究對象的一門學問，這樣的說詞就能凸顯社會學的特質嗎？因為「哪一門人文科學不是研究人類社會？」的確，例如：經濟學、人類學、政治學、心理學等學科，不都是研究人類社會的一門學問，它們與社會學的差異為何？可從其主要研究主題來看。

其他學科的研究主題

◆**政治學**：主要研究主題是政治關係與政治行為，例如：投票行為、政黨關係、權力結構等等。具體來說像是總統大選的選民投票行為、執政黨與在野黨的權力分配等。

◆**經濟學**：主要研究主題是人類的經濟行為，包含生產、消費、分配。經濟學常以量化方式測量分析社會的經濟行為，分為總體經濟學與個體經濟學。

◆**法律學**：以研究社會規範為主的學問，尤其是制度化規範，包含法律制定的含意與實行方式。例如：刑法、民法的意義與執行方式。這三門學問，所研究的對象較為鉅觀，上至國家、政府組織、政黨，小至公司行號等，而較少牽涉個人心理狀態的研究。

◆**人類學**：人類學以部落為主要研究場域，研究部落住民的生活經驗，一般來說人類學家需要花費幾十年的青春歲月在研究目標上，才能獲得研究成果，因此人類學研究需長時間才能完成。人類學可再細分多項，語言人類學：研究語言與文化行為之間的關係；考古人類學：探究人類文化起源的課題；體質人類學：主要探討人類物種演變的學問。

◆**心理學**：主要以個人的內在心理過程與人格行為做為研究主題，包含個人需求、慾望、情感等研究領域，而以社會環境等外在因素為輔助課題。心理學又可細分為不同科目，例如：知覺心理學、發展心裡學、認知心理學等等。

◆**人文地理學**：人文地理學被視為社會學的一個分支，早期以研究外在地理環境為主，晚近關注於地理環境、人類社會與人文區位的互動關係，主要探討課題如：人口問題、生態問題、都市計畫等。

不分你我的科際整合時代

早年各學科門派各自獨立發展理論的時代已經過去，在一九六〇年代後，社會學與其他人文學科之間的互動增加，逐漸發展出「科際整合」的研究方式。社會學會採用其他學科的理論，深究社會變遷或社會關係等議題，因而社會學常結合其他學科，發展出另一專門學科，如：政治社會學、社會心理學、

歷史社會學、都市社會學等，當然其他學科也會進入社會學知識領域中截長補短，同時輔以社會學觀點做為研究的參考。

科際整合
各學科之間，知識的相互滲透、取用。目的是為了更能解釋人類社會的種種現象。

社會學
以人類社會為研究對象，分析並批判之

人類學
以土著部落為田野，探究其文化整體

政治學
政治關係、組織與行為

人類社會

心理學
以人的心理、知覺、行為等為主的學科

經濟學
生產與消費等關係的計算性學科

法律學
以制度化規範為研究對象，例如：六法

人文地理學
探討人與環境的關係與演變

社會學古典三大家

社會學思潮的演進，離不開馬克思、涂爾幹與韋伯三人。馬克思理論是往後辯證衝突論者的理論基礎、涂爾幹則是奠定了功能論，而韋伯是詮釋社會學的先驅。這三個學者豐富了社會學的內涵，也是學習社會學時不能不知的「社會學古典三大家」。

資本主義窮途末路—馬克思無產階級革命

馬克思在《資本論》中曾說，資本主義最終的矛盾，來自布爾喬亞階級（即中產階級）製造了普羅階級（即無產階級），最後布爾喬亞階級的資產家將是自掘墳墓者。他認為資本主義的資本集中化與生產社會化，早就在為社會主義鋪路了。馬克思看到資本主義的內在矛盾。他認為資本主義社會基於利潤競爭下，資本家朝向機器化生產是不可避免的趨勢，產能一旦增加，將導致生產過剩，接下來投資減少，於是工人開始失業，相對地購買力也會下降，使得生產過剩情形惡性循環。另一方面，大量失業造成工人競爭相同的工作，對資本家有利，可以較低的工資僱請工人，繼續維持營運。但是並不是所有資本家都能在「經濟危機」中生存下來，一些資本家在此危機中成為普羅無產階級，因此財富愈來愈集中在大資本家手中，而對工人的剝削愈趨嚴重，最後導致貧窮化、兩極化的階級。

最終馬克思樂觀認為，無產階級將因而起身反抗，並贏得勝利，建立起新型態的社會，也就是社會主義社會。

自己無法生產產品—馬克思異化觀

「異化」是馬克思理論的重要概念，馬克思看待異化，不是以社會心理學的角度，而是採取社會結構的解析，因此異化是資本主義內在矛盾的產物，而不是個人的心理狀態。

談異化之前，必須明白馬克思心中的理想社會。馬克思對於未來社會的想法是，在那裡人們不用每天做同一件事，可以早上釣魚，下午工作，是一個講求人性與自由的社會，而且每個人明白自己在做什麼。

資本主義卻扭曲了人性的社會，馬克思認為異化有四個層面，一是工人與其生產活動的異化，工人並不是為自己所需而製造產品，而是為了工資替資本家服務；其二是工人與其產品間的異化，工人生產的產品不歸於工人所有；其三是工人與其伙伴之間的異化，工人在生產過程中並不認識彼此，甚至是互相敵對、競爭的狀態；最後是工人與人類潛能的異化，工作愈來愈不像人做的，人跟機器並無差別，無法在工作中發揮本性。

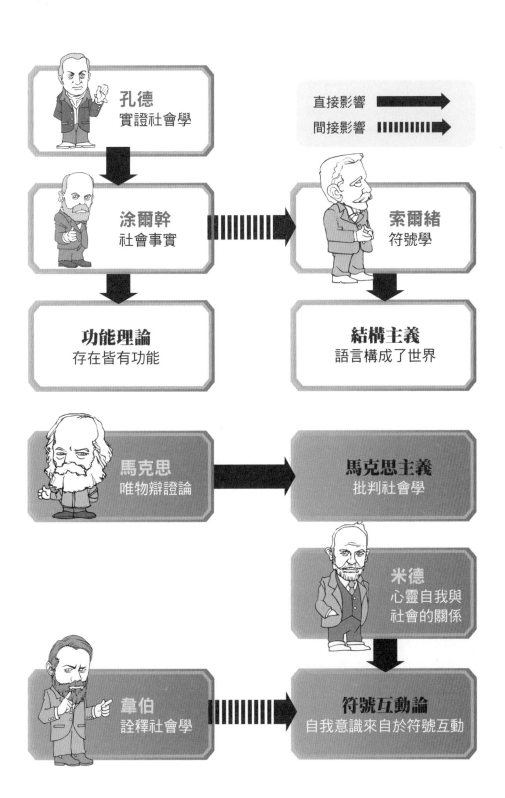

孔德
實證社會學

直接影響
間接影響

涂爾幹
社會事實

索爾緒
符號學

功能理論
存在皆有功能

結構主義
語言構成了世界

馬克思
唯物辯證論

馬克思主義
批判社會學

米德
心靈自我與
社會的關係

韋伯
詮釋社會學

符號互動論
自我意識來自於符號互動

社會分工與整合—涂爾幹分工論

涂爾幹認為社會分工的結果，並不會導致失序，或是馬克思所認為的階級鬥爭。原因是社會分工的同時，社會整合的機制也將啟動，具體來說「道德重整」的觀點是涂爾幹用以說明社會為何不會瓦解的原因。涂爾幹依分工情形把社會分為兩種類型來說明，一是前工業時代的傳統社會，另一為現代社會。

傳統社會的特徵是「機械連帶」的社會，即是分工程度低，社會成員替代性高，並共享同一價值；現在社會則是「有機連帶」的社會，社會分工相當細緻，社會成員的共識與凝聚來自於彼此的「差異性」。

從機械連帶到有機連帶的社會變遷，社會為何不像馬克思所預言的會產生衝突？涂爾幹認為因為所謂「連帶」是一種道德規範，例如：法律、宗教、民俗習慣等，具有穩定社會的功能。而現在社會分化與工作專精化，所以更需要依賴他人，像 是生產汽車者與製造服裝者並不是同一人，但也迫使他們需要相互依賴才能生存。

把社會當成事物—涂爾幹方法論

「社會」是複雜而多變的，如何客觀的研究？涂爾幹認為應該把社會當成某一外在東西來研究，稱為「社會事實」。

社會事實是指外在於個人、強制於行動者的力量，並可以用來測量與觀察。所謂「外在於個人的強制力量」這句話意思是指社會成員的行為、舉止會受到價值、宗教、規範、禮俗的影響，這些無形力量「規定」我們應該如何行動，即是俗話說「人在江湖、身不由己」的意思。

涂爾幹創出社會事實的研究方式，主要目的是凸顯社會學關注的是「外在」社會而不是「內在」心理，是集體性、社會性的課題，例如：涂爾幹在一八九七年發表的《自殺論》一書中探究自殺與社會規範、社會整合的關係。

資本主義是鐵牢—韋伯官僚觀

資本主義來到，韋伯認為是解除魔咒時代的來臨，把人類從巫術解脫出來，取而代之的是強調系統的、邏輯的與理性的資本主義社會。

全面性的理性化，是韋伯對資本主義的主要看法，理性化意謂著算計性，資本家為了減少成本獲得高利率，需要不斷算計價格是否反應成本，並配合法律與理性化的組織管理等，來提高工作效率與產能，其結果導致工具理性取代了價值理性，尤其表現在便於管理的「科層組織」。

「分層負責與分工」是現代科層組織的寫照，亦是公認最理性化的管理結

構，是資本主義社會常見的組織型態，問題是韋伯對於科層組織造成公文旅行的官僚現象深感不滿，但是否有替代方式？韋伯卻悲觀認為科層制度是難以摧毀的鐵牢。

什麼是工具理性及價值理性？

工具理性與價值理性的差異在於，工具理性強調手段與目的間的關係；價值理性則以信仰、目的為重要考量，不考慮達到目的的手段。前者如，企業家管理公司要求有效率的工作方式，以達到獲利的目的；後者如，朝聖者無論路途有多遙遠難走，依然要到達朝聖目的。

抽象又具體的一把尺—韋伯理念型

「理念型」是韋伯研究社會現象的方法。理念型是社會學家為了捕捉某一社會經驗而建構出的概念。具體來說，理念型是根據研究者對於研究對象所做的抽象推論，可以是一個或一個以上的片面概念，其目的是與實體現象對照，提供一個可清楚描述的表現方式。理念型就像是研究者所創的一把尺，事實上它不存在，卻是具體測量的標竿，例如：韋伯的科層組織、權威類型等等都屬於理念型。

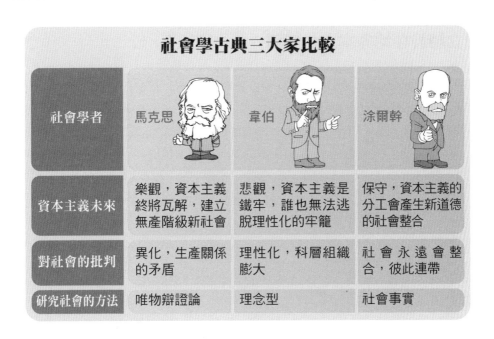

社會學古典三大家比較

社會學者	馬克思	韋伯	涂爾幹
資本主義未來	樂觀，資本主義終將瓦解，建立無產階級新社會	悲觀，資本主義是鐵牢，誰也無法逃脫理性化的牢籠	保守，資本主義的分工會產生新道德的社會整合
對社會的批判	異化，生產關係的矛盾	理性化，科層組織膨大	社會永遠會整合，彼此連帶
研究社會的方法	唯物辯證論	理念型	社會事實

在地的知識—本土社會學

社會學並不是源自於華人社會的知識，確立社會學的孔德、古典三大家—馬克思、涂爾幹、韋伯，以及八〇年代的當代社會思潮的學者如：傅柯、詹明信、布希亞等等，都不是華人。苦讀這一群西方（美國或歐陸）學者的知識，是否能「有效」解釋華人社會現象，是晚近華人社會學家的反省。

對西方社會學的反思

台大社會系葉啟政在《社會學與本土化》一書中，對於台灣把西方社會學（理論）奉為圭臬感到憂心，他指出任何知識都無法脫離意識型態，或是既存的「偏見」，西方所建構的科學知識（尤其是實證科學）當然無法代表一切的「真理」。

因此，對於東西方文化、社會的差異，台灣社會學界開始注意到社會學本土化的課題，以「本土化」知識發現與西方不同的解釋基礎，例如西方人沒有「面子」問題，西方人不知何謂智、仁、勇或禮、義、廉、恥等。

這是淺顯易見的道理，社會研究者如果不明白自身所在的文化社會，如何能夠解釋被研究的現象，例如：以西方人「一人一份套餐」的飲食模式，來探究華人的飲食行為時，便可能出現「吃宮保雞丁不健康」的偏誤，因為華人不會一個人單獨吃完整份的宮保雞丁，而是與家人分享。

建立屬於在地的本土化知識

不過，所謂本土化社會學是否意謂著我們要拋棄所有西方的理論，改採用「中國」歷代知識的傳統，如：老莊思想、儒家、道家等理論做為分析的根基？其實並不然。以傳統知識建構，固然具有直接套用西方理論所缺乏的理論根基的優勢，但不表示堅持本土化，就須與西方知識從此劃清界限。

其關鍵之一，在於研究者如何貼近被研究者的社會情境，並能夠有效地解讀，而且能讓讀者感同身受、獲得同一共識。如葉啟政以知識論觀點提出，「本土化」的首要之務在於是否掌握到本土傳統文化，與牢刻於人們心靈中的意識，並具有獨特性的思維與行為的模式。如是，本土傳統文化才能與西方優勢文化做區辨與對照。

如果我們簡化來看本土社會學的主要目的，我們可說本土社會學是要建立一套有別於西方的知識，並修正西方理論的謬誤，開創出一套全新的、屬於本土的社會學知識。秉持此一論點還有陳秉璋所著的《東方社會學》，他在書中以西方社會理論出發，並批判其偏誤且加以修正，用以建立東方社會的知識基

礎。

　　簡言之，本土社會學知識的意義，並不是狹隘的拋棄西方理論的知識脈絡，而是兼容並蓄，去蕪存菁，真實面對西方社會學理論的「在地」適用性問題，以期建立一套本土人文科學知識，豐富「全球化」下的社會學知識。

台灣社會學本土化的歷史進程

五〇年代
古典理論：孔德、史賓賽、韋伯等等歐陸學派進入台灣，不久因留學美國的學者大量歸國，台灣社會學轉向美國社會學派，並以結構功能論為主流。

美國社會學引進

七〇年代
● 結構功能論盛行。
● 楊國樞與李亦園推動「中國人性格」研究。
　 本土化社會學興起。

本土社會學是一種對西方理論的反動思維。

**一九八〇年代
分水嶺**

八〇年代
● 德國批派理論與世界體系理論興盛。
● 高承恕教授引進德國批判理論。
● 蕭新煌教授提倡世界體系論。

歐陸社會學引進

八〇年代中期
● 韋伯、馬克思與當代社會學思潮等百家爭鳴。
● 本土化社會學受到國內學界的重視。

我們生活的真真假假

　　我們生活的世界，為何是井然有序？與他人說話時不會雞同鴨講，社會上不會到處有犯罪，似乎有著「隱形的」規矩讓我們依循，這是因為我們擁有共同「文化」的緣故。文化，讓社會成員共享同一價值、一同分享生活經驗，同時造就規範來懲罰失序者；另一方面，人類文明的演進，也需要依靠文化中語言、符號的傳承來延續與創新。因此，我們可以說任何一個人類社會都有「文化」，因為我們正在其中無時無刻地傳遞、創造與繁衍自身的「文化」。

★ 文化是由什麼構成？

★ 語言符號與文化有什麼關係？

★ 什麼是文化霸權？

★ 為什麼有「敗家族」？

★ 文化品味有高低之分嗎？

我們生活在符號世界裡

一天早上起來，覺得天空很暗，好像要下雨了，心中馬上閃過一些念頭「可能要打雷了」、「出門時應該帶傘或者帶雨衣」、「是要坐捷運，還是搭公車呢？」這是一個很普遍的生活經驗，雖然最後天空可能並沒有下雨，但是在我腦海裡卻「確確實實」下了一場雨。為何可以如此說呢？

我們用符號建構世界

當我的眼睛看到「天空暗、要下雨的樣子了」，在我腦海裡組織了一整句文字形容這樣的氣候：「天黑好像是要下雨了」，這樣的語彙刺激著我的反應，讓我思考著要帶哪種雨具，搭哪種交通工具。然而如果換到不同時空裡，對於「天黑下雨了」這語詞的反應，可能會是「撒旦即將來臨」。

換句話說，人類雖有眼耳鼻舌等感官器官，可以感受外在世界，但是外在感覺的刺激如何「被認為真實」呢？人類正是靠語言或符號，用說的、畫的或寫的來建構一個「真實世界」，例如：看到天黑了（接收刺激），所代表的意義是「下雨」（語言）；看到♀（符號），表示「女人」。

語言與符號展現文化整體

人類生活離不開語言與符號，人們透過語言與他人溝通，回應外在的人事物。這一系列的語言系統構成了文化整體，如果沒有語言或符號的支撐，很難想像，文化如何表達，因此釐清語言與符號兩者的差異，將有助於對文化議題做更深刻的探究。

◆**符號**：例如：台灣魯凱族的百步蛇圖騰，表示魯凱族文化的起源；在政黨中「綠色」是民進黨、「橘色」是親民黨、「藍色」為國民黨等等，這些都是符號的運用。不過，值得注意的是，符號的意義的關連是任意設計、社會成員集體創作的結果，只要大家共同認定就可。符號的意義甚至跟著時代在改變，有時符號所代表的意義甚至已經超過所代表的事物本身，例如玫瑰，不僅代表一種「花」，也表示「愛情」。

◆**語言**：是社會中由一組有意義的符號組成，並且有使用規則的一套溝通系統，例如：學英文時，要學文法，文法就屬於一種規則，想要在英語系國家與人溝通，就需要熟悉文法。語言除了讓彼此能夠溝通之外，也是人類認識外在世界的方法。

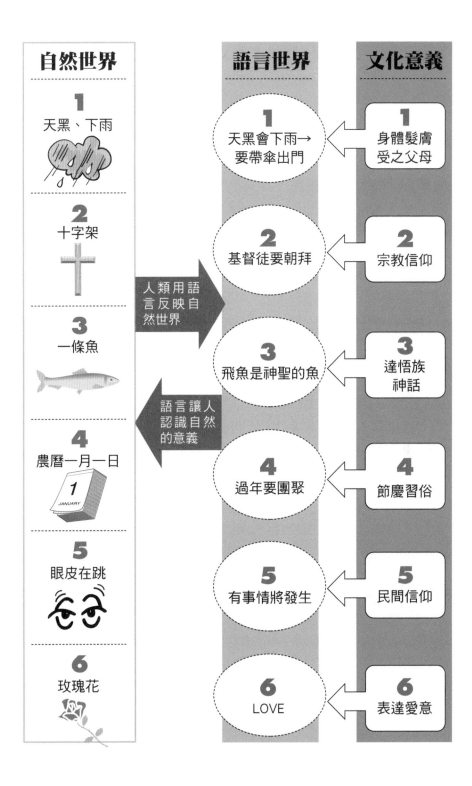

自然世界

1
天黑、下雨

2
十字架

3
一條魚

4
農曆一月一日

5
眼皮在跳

6
玫瑰花

語言世界

1
天黑會下雨→
要帶傘出門

2
基督徒要朝拜

3
飛魚是神聖的魚

4
過年要團聚

5
有事情將發生

6
LOVE

文化意義

1
身體髮膚
受之父母

2
宗教信仰

3
達悟族
神話

4
節慶習俗

5
民間信仰

6
表達愛意

人類用語
言反映自
然世界

語言讓人
認識自然
的意義

語言是文化的具體展現

看似抽象的語言，卻是文化的具體表現，例如：我們說「圓形」時，我們能了解所指的是圓的形狀。當我們說出一句話來表示一組信念或價值時，則情況更為複雜，例如：「天下烏鴉一般黑」在某個社會文化中代表的意義可以是「原來大家都不守法」。

文化反映在語言符號上

為何我們會懂得彼此的語言符號？因為擁有相同文化的緣故。我們共同生活在同一個社會文化中，所以會有共同的經驗、記憶、特徵、認同價值，彼此使用同樣的語言符號溝通，自然能夠理解對方的意思。例如：當有人幫助你時，你說聲「謝謝」來表示感激，對方可能以點頭示意。

當語言與文化擴及社會整體時，彼此的關係便更為複雜，例如我們的語言存在某些二元對立的辭彙：地獄／天堂、美麗／醜陋……等，此類的語言結構透露出某一個社會文化上的某種意涵與價值，前者是宗教觀點，後者是身體的概念。

因此，透過對語言的探究，便可發現文化現象的深層結構。社會學的「結構主義」一派，即認為致力於研究某一文化的語言結構，可發覺該民族社會結構的特色，例如：父系社會裡，小孩的姓氏一定來自於父親，整個家族為男性社會的姓氏宗親。

語言是認識外在世界的方式

語言是人類生活的基本元素，不同文化下的人們，以不同語言來認識外在世界。例如：日本語「勉強」一詞，意旨「用功學習」；「汽車」一詞，在日本是指「火車」。你可以舉出更多的例子，不僅是跨國界的比較，在不同世代間的語言，也存在著次文化的語彙，例如：「LKK」意指「年老又俗氣」。

新科技產生文化變遷

不過，文化並不是固定不變的，當人們的思想、價值產生變化時，文化內涵也將隨之改變，而當科技進步時，也將引發文化變遷。

文化的本質其實脫離不了人類實際勞動的結果，因勞動而產生的產品，社會學家稱為「物質文化」。舉凡可看得到、摸得到的物件都屬於物質文化的範疇，例如：房子、行動電話、電視、汽車等等。

我們需要房子躲避野獸的攻擊、電話則讓我們的聽覺可延伸到千里遠，這些都是物質文化對生活的影響，每一個新發明的科技產品，都可能改變我們的

生活習慣，撼動文化的非物質面—價值、規範、語言等等。例如：隨著網際網路的盛行，出現了獨特的網路用語與符號，這些符號、用語也被應用在日常用語或書寫信件中，就是明顯的例子。

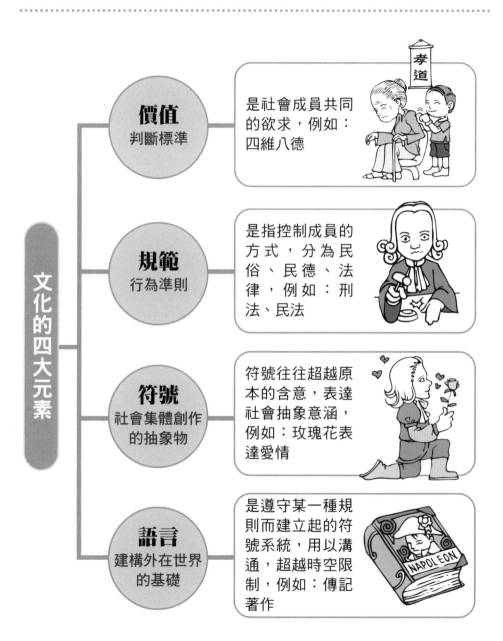

文化的四大元素

價值
判斷標準

是社會成員共同的欲求，例如：四維八德

規範
行為準則

是指控制成員的方式，分為民俗、民德、法律，例如：刑法、民法

符號
社會集體創作的抽象物

符號往往超越原本的含意，表達社會抽象意涵，例如：玫瑰花表達愛情

語言
建構外在世界的基礎

是遵守某一種規則而建立起的符號系統，用以溝通，超越時空限制，例如：傳記著作

文化讓我們信以為真

傳統的自然科學家，告訴我們要「眼見為憑」，如果不是親眼看到、聽到、觸碰到，都不能斷定正在發生的事情是「真實」存在的。不過社會學家並不這樣認為，社會學認為只要「相信」就能「看得到真實」。

我相信，所以我看見真實

先舉個例子，在農業時代，醫藥不發達，那時家裡如果有人生病，家人就會去廟裡求取香灰來給病患吃，或是小孩被嚇到，就會到廟裡收驚，這樣的行為至今仍然很普遍。為何會有吃香灰、收驚的行為？簡單來說，社會學認為人們存在一種信念，相信神明可以救治小孩子。

信念，是文化的中心概念之一。在同一文化下的人們，信念成為人們行為的參考，因為相信是真的而造成了「文化真實」，讓人們的行動有所依據。

價值，讓文化更豐富

對某件事實做出反應時，存在於腦海中的信念讓人們信以為真地去做。但是，在更為複雜的社會整體中，往往不僅是真實與否的問題，還有是非對錯。因此文化還存在著一個主要概念：價值。

價值告訴我們社會的喜好、善惡、對錯，讓我們可以排定行動的優先順序。社會學家史美舍認為，價值是人類的目標或共同的信念，每一個社會都有對各種行動的褒貶，這些行動背後的依據往往受到某一社會價值的牽連。因此從懂事以來，我們的行動就在各種價值中選擇，從選擇學校、職業、伴侶，都受到價值的影響。同時，價值也影響我們如何看待他人與自己。

規範，一種莫名的行為準則

人類行動有價值做為引導，然而價值對社會成員並無強制的約束力，但社會卻沒有因此而解體，那是因為我們在行動前都會參考社會規範的緣故。

每一個社會，都有約定俗成的獎罰標準，這些對社會成員的處罰與獎勵準則，社會學家稱為「規範」，例如：丈夫外遇，可能會招致鄰里斥為不道德；拾金不昧的學生會受學校的表揚等，我們常讚賞、鼓勵合乎規範的人，而處罰、斥責違反者。

社會學家孫末楠把規範分為「民俗」、「民德」兩方面，這兩者又稱為非制度性規範。其中，民俗是指一般社會習俗，約束人們的力量並不強烈，但

卻是促進社會穩定的關鍵，例如：每年的過年節慶等風土民情。而民德則是含有正當觀念的民俗，通常是指道德觀念或一種禁忌，對社會成員的獎懲力很強烈，例如：亂倫者，鄰里居民會以棍棒伺候。而法律則是強制力最強的規範，也是制度化的規範，像是刑法、民法等，不過法律的訂定一般源自於民俗與民德。

價值使規範合法化

以同性戀為例，當社會價值認定傳宗接代是核心價值時，同性戀行為就是不被允許的，所以社會成員的歧視眼光或語言，或者排擠等行為都變成是正當的規範，而法律上更是不同意同性婚姻。

價值	規範	獎罰
1 慎終追遠	1 清明節掃墓	1 缺席者，家族斥為不孝
2 傳宗接代很重要	2 同性戀不道德	2 禁止同性戀結婚
3 家庭是社會中心	3 五常倫理	3 處罰不孝子，例如逆親者
4 文憑主義	4 升學考試	4 給予博士高地位、收入
5 人需要工作	5 保障工作的法律	5 救濟失業者
6 金錢至上	6 樂透彩遊戲規則	6 鼓勵大家買彩券

證明規範的正當性

證明賞罰的正當性

文化的兩種立場─排他與包容

在二次大戰末期，希特勒領導的德國納粹黨實施種族淨化政策屠殺了約六百萬的猶太人，其中原因是希特勒認為世界上只有日耳曼民族才是最優秀的種族。這種以自我為中心的想像，社會學稱為「種族中心主義」。

築起城牆的文化霸權

每個民族對自己的文化多多少少會有優越感，當自我優越感愈強時，對於其他民族文化愈容易採取敵對的態度與評斷，例如：台灣早年，漢人對原住民以「番仔」戲稱，認為原住民文化是不文明、落後、野蠻的象徵，因此當年政府以同化政策，把漢民族文化強加在原住民身上，最後引發原住民的反動。

如同之前章節所言，文化經由價值、規範的約束力，讓社會秩序能順利運作。社會學家包曼進一步指出，霸權乃是文化的目標，目的是維持在文化霸權的統治範圍內各項生活的一致性，並區分這個範圍與他族文化的差異，因此，文化本質就是倡導某一種文化優於其他，就像傳教一樣，要人放棄原來的信仰。

如同包曼所言，文化目標是向外與他族發生關連，當文化霸權建立之後，便會圍起一道城牆，一來確立內部社會秩序，同時也宣稱城牆外的文化是低落、野蠻、不文明的，然後向外展開文化侵略，以帝國主義的姿態要他國接受本國進步、文明的文化價值。

打破城牆的文化相對論

種族中心主義或文化霸權，展現出每一個社會如何限制參與其文化者的視野，但如果我們只認定自己民族擁有最優秀的文化，而貶低其他民族，我們就無法將文化的觸角延伸，並截長補短。早期人類學家在原始部落裡往往以種族中心主義的角度進行研究，以自己所處的西方文明社會與原始部落比較，甚至想引進「文明」改變部落的生活樣貌，上演西方文化霸權戲法。後來人類學家改變想法，就如社會學家孫末楠主張的，認為文化只能以自己的價值與存在背景來理解，這種立場稱為「文化相對論」。

文化相對論主張對不同文化應該尊重，並且平等看待，每一文化都有其判定優缺點的標準，然而卻沒有一個統一的標準能夠判別不同文化的特質孰優孰劣。而文化改變是「自然」演化的結果，不是在強迫、威脅下造成的。

我們不應該以自己的文化為榮嗎？當本土化過程在台灣發酵，台灣住民開始尋找出自己的文化起源，並以自己的族群文化為傲，這是種族中心主義嗎？

文化相對論 VS. 種族中心主義

內涵 ••••

「平等相待」
文化特質應在該社會中理解

⟷

「唯我獨尊」
以自我民族文化為中心

主張 ••••

任何文化都無法由外人來區分好壞

⟷

常以二分法區分不同文化的優劣

優點 ••••

尊重他人文化，容易學習與了解其他文化

⟷

增進我群的概念，加強文化成員的團結

缺點 ••••

無法建立成員的學習標準，甚至成為虛無主義

⟷

容易產生偏見與文化衝突

例子 ••••

台灣本土化意識、尋根之旅

⟷

早年漢人對原住民部落的漢化行動、國語化運動

消費文化—我消費我存在

消費是現代人最重要的文化現象之一。回顧農業時代，購買額外物品是奢侈的行為，但隨著工業化之後，消費者成了以消費而樂的「敗家族」，正如同布希亞所說，購物不再是滿足需求的行為，而是一個充滿樂趣的道德體系。

物的價值在於，使用它，或拿到市場賣？

對於「物品」我們已習以為常，生活中如果沒有「物品」，我們可能活得不快樂；如果衣櫃裡少一件衣服搭配鞋子，可能因此不想出門。大量物品圍繞在我們身旁，最後讓「物」自成一種彷彿有了生命可以自行衍生的體系，布希亞稱為「物體系」。

不過，在社會學家的觀念裡，「物」以前很「單純」的是人類勞動的結果，只是後來質變了。我們可從馬克思對物品的理解開始，探究「敗家族」的理論基礎。

◆**物的使用價值：**馬克思認為人類與自然互動時，人類總會因生存所需而創造出一些物品，這些物品的製造是無法與勞動者分離的，因為它被勞動者所控制、製造。這種為了使用而生產的過程，將勞動附加於物品上，稱為「使用價值」。

◆**物的交換價值：**馬克思認為當勞動者為了某一個資本目的而製造物品時，物的存在目的從此與勞動分離，物品不是為勞動者所用，而是進入市場被交換，稱做「交換價值」。

接著馬克思認為在資本主義社會裡，人們忘記了自己是商品價值的真正賦予者，反而相信價值是事物本身的自然出現，或者是市場賦予了商品價值。因而，人們對於物品的控制力愈來愈弱，而不自覺成為「拜物教」。換句話說，現在人對物品的理解，已不是農村時代所歌頌「誰知盤中飧、粒粒皆辛苦」的使用價值，而是像現在現金卡廣告所強調「借錢享受」的拜物主義者。

你是理性的消費者嗎？

我們常聽到人們購買東西的理由是：「因為我需要，所以我買下它」，令社會學家好奇的是：「那為何買了一堆相似的東西？」這樣的提問結果證明了我們的購物行為，並不全然是經濟學家口中的理性主義者，能時時刻刻清楚地計算出需求與供給曲線的交集。因為人類另一面是「感性」的動物，感性的消費讓消費目的不在於購買物品本身，而是附加物品身上的符號。

　　物品的符號意義遠超越了物品的使用價值，甚至交換價值，我們消費的目的通常不是在於物品是否有用，也不在乎市場價格，而是享受一種氣氛，物品是否「有用」並不那麼重要，例如：去咖啡館「喝咖啡」其實是享受氣氛、去二十四小時書店「買書」其實是增加書券氣、買「名牌」皮包是提昇社會地位等。

一枝筆的價值轉化

使用價值
製作筆因為要寫字，工人自己做出想要的筆。

進入市場機制，物品價值來自市場，不是製造的工人。

交換價值
筆不是自用，而是要拿去賣錢，再用錢去買另一個東西。因此筆要量產，最後工人不知道筆與自己的關係。

消費社會的物品是否有「價值」，取決於商品的象徵意義。

符號價值
筆能「寫」還不夠，還要給一個故事，例如：有文人筆之稱的萬寶龍鋼筆。最後，有人開始收藏鋼筆。

農業社會
以物易物，與勞動等值的價值

資本主義社會
以錢買物，與勞動分離的價值

消費社會
賣的商品是一種故事，與物自身分離

文化品味的競爭時代

日常生活的「比較」一詞，在社會學家口中常被以「鬥爭」或「競爭」稱之，因為社會學認為位於社會不同階級的人們，唯有把別人比下，自己所處的社會地位或階級才會向上提昇。不過，單以經濟層面做為人們彼此競爭的基礎，無法全面解釋社會階級間的爭鬥，我們需要以文化層面的品味競爭來理解。

你爭我搶，只為爭得高尚品味

　　「你穿得好有品味喔！」、「你穿得好俗啊！」這些語彙常出現在同儕團體中，而在流行雜誌裡或是知名設計師都會告訴你，應該怎樣穿著才是最有品味、最獨特、最「IN」的。這些流行語言背後的社會學意涵，法國社會學家布爾迪厄的認為是，不同社會階層藉由品味爭鬥的策略向高階層者取得認同，進而達到階級的往上移動，或是來一場社會地位保衛戰，捍衛自己的品味。

　　問題是品味如何爭鬥？它又不像是經濟收入一樣可以用「賺多少錢」來測量，布爾迪厄進一步解釋了這個問題。他認為，在社會爭鬥場中，所擁有資本（資源）的質與量決定了一己社會位置的高低。而一般資本可分為兩種，一是經濟資本，包括財富與所有物；另一為文化資本，即文化知識。品味就是屬於後者。

　　然而階級品味的造就不是憑空而來，而是決定於家庭環境、社會條件與物質情形，因此品味不是個人行為，而是集體的、相互規範的機制，久而久之內化為一種特定的行動方式，布爾迪厄稱之為「習慣」。「習慣」解釋了不同社會階級在文化資本中相互爭鬥的背後機制，原因是不同社會階級的成員對於美學評鑑的差異，而美學評鑑的差異來自於「習慣」。

秀出自己最獨特的品味

　　「秀異」的概念來自於布爾迪厄，他認為只要是任何企圖藉由區分自己與大眾品味有所差異，並自認為品味較優異者，就符合「秀異」的概念。不過，秀異的行為表現必須在兩種社會階級成員互相較勁下才能凸顯。例如：布爾喬亞（上流社會）的文化品味就是以否定下層階級的品味來「秀出」自己品味的「差異」。

　　秀異具體說明了不同社會階級、團體間互相較勁文化品味，例如：嬉罵他人「好俗」、「台客」等，藉此語言衝突來證明自己的身分地位。

布爾迪厄秀異簡要概念

社會背景
學校、家庭等的教育影響

形成

習慣
個人固定的行為模式

階級區分兩個向度

文化資本質量	經濟資本質量
即是一種生活品味方式	即是財貨、收入多寡

階級區分

暴發戶		中產階級		傳統藝術家
對藝術鑑賞低，收入高	秀異	對藝術鑑賞高，收入高	秀異	對藝術鑑賞高、收入微薄

文化資本低，經濟資本高

文化資本高，經濟資本中等

文化資本高，經濟資本低

除了財貨、所得的擁有之外，文化資本的使用情形更為重要。例如：欣賞藝術品是需要某種文化能力，這種能力來自於教育，學校與家庭的陶冶。

布爾迪厄

社會化，
你我成為「人」

　　每一個人從出生以來即開始接受各種文化上的刺激，
學習社會角色與行為，遵守社會規範成為社會的一份子，
這樣的過程社會學稱做「社會化」。因為有社會化過程，
社會才不至於分崩離析，而能維持一定的穩定性。不過，
社會化不是單向由社會灌輸知識給個人，個人也會反饋給
社會，進而改變社會體制。本篇即是要說明人類如何從
「自然人」到「社會人」的社會化過程，其中的機制又是
如何運作？

麥當勞的社會化縮影

麥當勞自一九五五年創立以來,今天已是全球化的龐大企業體,每個來店消費的顧客,有意無意遵守麥當勞式的餐廳禮儀:進入麥當勞會聽到店員大聲的「歡迎光臨」,點餐後,五分鐘送上餐點,自己端著食物找位子坐,吃完後自行收拾桌面,再把垃圾拿去丟。然而,顧客為什麼會自動自發地做出此一行為?

壓制欲求合乎社會標準

消費者不是天生就知道到麥當勞用餐要自己收拾「殘局」,而是透過學習,但學習是否達到目的卻因人而異。

麥當勞用餐經驗與以往消費經驗矛盾。有人認為付錢消費還要自己收拾,似乎與「顧客至上」的服務理念相衝突,但是,為什麼我們還是成為遵守麥當勞規矩的「乖乖牌」?因為在自我評價之後,覺得如果不這樣做可能會被店員糾正,或被其他顧客白眼排斥,所以我們壓制了原有的欲求,做出合乎外在眼光的行為,這個遵守店內用餐規則的過程就是「社會化」。

社會化的過程,常使人在「守規矩」與「個人自由」選擇之間拉距,像是「天使」與「小魔鬼」站在肩膀上,提供兩種對立的意見,而「我」就是「法官」,必須決定哪一個建議好。而選擇麥當勞式的消費就是心理衝突後的抉擇。

寂靜的革命─四種內化過程

人生旅程也一樣面臨了許多的衝突抉擇,在學業、工作、伴侶、婚姻等,一連串的衝突與選擇中構成了我們的人生計畫。這些「選擇」並不全然依賴自己的決定,我們要參考父母、同儕、老師的意見,也受到社會價值觀的影響,這些外在壓力與建議,隨時隨地衝擊與指導著我們的選擇。

社會學家包曼將生活中衝突抉擇的過程分為四大類:目的、手段、相關性、人生計畫。目的是決定哪些值得追求;手段是達到目的的方式;相關性是辨別哪些人、事可以完成目的;而人生計畫即是最後決定的生活方式。這四種抉擇類型隱藏在我們的心裡而不自知,卻著實地左右我們的行為模式,如此寧靜的革命,稱為「內化」。簡單來說,把「社會」教給自己的知識,經由學習過程變成「自然而然」的事情,即是內化,也就是一種個人社會化的內在過程。因為個人內化的機制會有所不同,所以社會化在每個人身上會產生不同的結果。這也說明了為何同樣受國民教育的人,在討論同性戀行為時,有人贊成同性戀,但也有人反對同性戀,如同俗話所說的「一樣米養百樣人」。

從麥當勞行為看內化過程

目的 ➜ **哪些值得追求**

美國進步、文明的象徵
例 享受麥當勞的明亮燈光、乾淨餐廳，與不受
服務員打擾的用餐環境

手段 ➜ **達到目的的方法**

賦予自己美國文明的符號
例 進入麥當勞，需接受快速點餐服務，與自己
收拾餐具的規則

相關性 ➜ **事情的優先性**

台式刈包或美式漢堡
例 選擇美式漢堡的美味與全新的用餐規則，比
吃傳統刈包評價高

人生計畫 ➜ **人生的最後決定**

飲食文化的抉擇
例 是否要同意「跨國文化」的「侵略」，以及
自我行為的規訓，或選擇台灣傳統飲食文化

從自然人成為社會人—社會化

我們並不是從媽媽肚子蹦出來時就知道不可以隨意大小便、上廁所要關門、長大後要工作等等，這些看似平常的事件，社會學認為「絕對」是從小學習而來的。透過師長、朋友、大眾媒體等等影響，讓我們擁有了角色與身分，同時看清自己也認識別人。這讓我們長大成人的學習過程稱為「社會化」。

人類為何需要社會化？

　　人構成了「人類社會」，「自然」屬於社會的成員，只要有人類生存的群體，社會化就好像是順水推舟、自然形成。但是「好奇」的社會學與其他人文學家，卻企圖理出一些回答人類社會化的理由。首先是生物本能，每一種生物都有與生俱來的本能，如鳥會飛、老鼠會鑽洞等，人類也有天生的本能，例如：性衝動、攻擊本能、求生存、吃東西等等，這些行為依據基因遺傳給下一代，像是性衝動的基因是人類延續種性的原因，但是為了維護群體生存，社會規範會壓抑著本能的發洩，甚至是造成婚姻制度的遠因。

　　此外，人類的學習能力，也是社會化能順利進行的原因之一，例如小孩學習父母的行為並接受師長的教誨，以認識社會價值與規範，或經由扮家家酒的方式習得社會角色。再者，人們透過語言與文字傳遞訊息、價值、態度與感情，同時也把歷史文化傳遞給下一代，讓社會化更順利進行。

社會化如何運作？

　　社會學家史美舍認為成功的社會化有三個因素：期望、行為的可變性、服從性。例如：父親希望我長大後當醫生，於是開始叫我去補習，我只好乖乖去補習；或者學校的校規訂定學生不能抽煙的規定，期待學生都能遵守。

　　然而，在社會化過程中我們並非只能單向接受，因為個人在與社會「討價還價」過程中，甚至能夠反過來影響社會。例如：我不想順從父親要我當醫生的期待，我可能試圖說服父親，說明自己的生涯規劃是要當一個社會學家，於是透過與父親不斷地溝通協調，最後反而是父親改變了原有的態度。此時，父親即象徵了「社會」，我是「個人」，而社會化是個人與社會互動協調的學習過程。

社會化—個人與社會的互動結果

　　社會化的主體是「個人」，讓個人不斷從「外在環境」吸收新知、學習社會角色；而社會這個「外在環境」，經由既有的制度與文化「教導」我們社

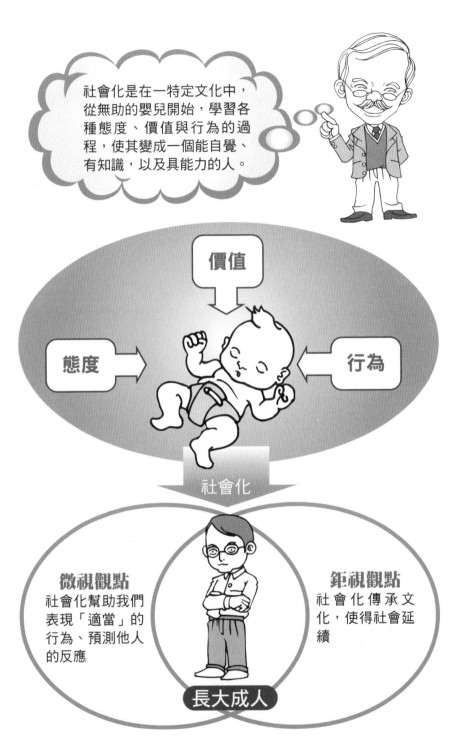

社會化是在一特定文化中，
從無助的嬰兒開始，學習各
種態度、價值與行為的過
程，使其變成一個能自覺、
有知識，以及具能力的人。

價值

態度 → 行為

社會化

微視觀點
社會化幫助我們
表現「適當」的
行為、預測他人
的反應

鉅視觀點
社會化傳承文
化，使得社會延
續

長大成人

會的規範與價值，讓我們成為社會中的一份子，扮演合適的角色、習得各式技能，同時取得他人的認同。

此外，社會化的重要基礎是個人與社會的互動。社會化並不是靜態的「事物」，不是單向的過程，不是個人從社會「挖取」所需，也不是社會「提供」所要，而是個人可能導致社會改變，社會也能改變個人行動，此過程社會學稱為「社會互動」。例如：以前我們稱原住民為「番仔」是落後民族，現在則認為原住民文化與漢文化一樣優美。

簡而言之，社會化是一個變動過程，人從呱呱落地以來社會化機制隨即展開，透過父母、學校與社會教育等等，讓我們融入社會情境，同時我們也反饋給社會，而改變了社會文化。

社會化的生物性觀點

對於社會化的理解，除了上述的社會學概念之外，另外有一派的學者以生物演化論來說明生物行為與社會文化的關係，持此觀點的學派稱為「社會生物學」。

社會生物學者相信，雖然社會文化會影響人類行為，但是人性來自於生物因素。他們認為人性的存在，是因為人們的行為模式中，有一部分來自於其遺傳。他們不贊成人性能自由發揮，因為基因和賀爾蒙會限制人類行為，而且這些生物因素會經演化過程愈來愈限制我們的行動，同時讓人類的生存能力更強。

社會生物學家認為人是受到遺傳基因的影響產生「利他行為」，他們從動物會保護同類的現象解釋人類為何發展出這項行為，因為保護同類可以讓種性延續下去；反過來說，亂倫行為有違種性延續，人的本性便禁止了這樣的情形。精神分析學派的佛洛伊德就主張人「天生」具有性與攻擊衝動，而文化制度正好壓制這些「趨力」。甚至有學者提出，社會制度的產生就是來自於這些生物天性，例如：家庭制度將性趨力合法化，而運動比賽則把攻擊趨力正當化。

生活環境對成長過程的影響──狼童的案例

「狼童」是社會化議題上知名的例子。一九二○年在印度發現兩個由野狼撫養的小女孩，一位名叫卡瑪拉（Kamala），約八歲，一位是阿瑪拉（Amala），約一至兩歲間，他們從小學習野狼的生活方式，所以不會說人類語言，不會表達人類情緒，行為舉止與野狼一樣。這例子你可從生物性觀點，也能從社會學概念來理解，或許有不同答案。

人類是動物界的一種
生物，是「非人」。

非人的本性
吃、喝、拉、撒、
睡，攻擊、性衝動
等，例如狼童。

社會化生物觀點
社會化是對生物本
能的壓制，藉此促
進社會制度的產
生。

社會化過程
成為社會人的社會互動過程。

「**失敗**」社會化的原因
個人無法完成社會期
望，行為無法改變，反
社會規範。
例如：犯罪、反社會人格

「**成功**」社會化的元素
● 期待：社會價值觀。
　例如：升學主義，明星
　學校。
● 行為可變：個體可以
　改變行為。
　例如：停止玩樂開始唸
　書。
● 服從：順應社會價值
　而行動。
　例如：參與大學聯考。

社會化不是單向過程
不僅社會「教給」個人
群體知識，個人群體也
「改變」了社會。

長大成「社會人」

社會化的影響─自我發展理論

個人是社會化的主體，個人如何處理外在環境的「刺激」，這些刺激在我們心中泛起哪種漣漪，我們又如何回應？例如：長大後選擇工作，是要順從主流價值還是依據個人志趣？這些掙扎與妥協的過程，背後操作者即是自我，其作用機制的探討社會學稱為「自我發展理論」。

顧里─我們在鏡中成長

「自我」雖是抽象概念，但卻是真實存在於日常生活裡，它在社會化過程進行吸收、轉化並反饋，最後提煉出屬於個體行動與思想的關鍵。我們早上出門上班或赴宴前會照鏡子，看看自己衣服是否合宜、別人會不會喜歡……等，向鏡子自問自答一番，只是從這面鏡子回答的並不是童話故事中的魔鏡，而是「自我」，顧里稱為「鏡中自我」，簡稱「鏡我」。

顧里的鏡我概念，意指我們的自我印象會反映出希望別人如何看待自己，這個概念大約在五歲後逐漸成熟。顧里以照相為例，說明四、五歲的兒童在自我覺醒後，才願意被拍照時不吵鬧，因為在他想像中這是別人所需的，並且了解要如何做才能被他人接受。這即是社會化也是鏡我的形成過程。

顧里認為「鏡中自我」由三部分組成：一、我們想像別人眼中的自己（我認為他人正注意我的穿著）；二、我們想像別人對我們的看法（我相信他人覺得我的衣服好看）；三、我們如何反應別人的看法（我應該穿這套衣服去赴約）。

由此可知，自我並非一個靜態的事物，而是一個過程。自我幫助我們決定如何行動，而非僅是回應外在刺激；同時，自我也是社會的產物，從評價自己的行為，以及他人的反應中逐漸形成。

米德─我們在遊戲中長大

關於社會化，米德認為會發生在三個不同階段，而這也是自我形成的過程。第一是模仿，兒童模仿大人的行為，卻不知道行為的意義，例如：拿著玩具學習媽媽掃地；第二是遊戲階段，兒童開始學習並理解某一角色，例如：扮家家酒，認知社會角色是什麼；第三階段是遊戲規則，兒童明白行為是來自於團體的期待而不是個人。

米德進一步分析自我可分為兩個基本概念：主我與客我。「客我」是可被自己知覺的部分，會顧慮並採用他人的意見與態度；「主我」則是自發與創造性，是自己無法知覺的部分。簡單來說，客我是被動的自我，主我是主動的自

我，如果社會化方式較為嚴格或規範性較強，則客我「支配」主我，個人的個性逐漸消失；反之若社會化過程較鬆散，主我「戰勝」客我，主我的影響力就較強。

自我就是鏡中自我（鏡我）。自我形成的原因是我們能把自己當成客體省思。

顧里

1. 別人眼中的自己
例如：去參加舞會大家一定會注意我的衣服

2. 別人對我們的看法
例如：穿著要亮麗耀眼，大家才會讚美我

3. 反應別人的看法
例如：我決定穿這套裝飾誇張的舞衣

自我

自我在主我、客我互動中取得平衡。

米德

主我
自發、創造性部分
例如：扮家家酒時，女孩想穿西裝，當爸爸

自我
我可不可以扮演父親的角色？

客我
被動的自我
例如：父親不准女孩子扮演男性角色

高夫曼—日常生活是表演舞台

高夫曼相信人類全然的自我與社會化的自我之間存在著矛盾與差距，當我們與他人互動時，我們不能任意地展現真實的自我感受，因為有許多觀眾可能會干擾此種行動進行。換句話說，人們就像舞台上的演員（同時也是觀眾），社會情境是舞台，面對不同的情境，就有不同的演法，自我是演員與觀眾之間的戲劇互動產物。

演出者希望所展現出來的自我能夠滿足的觀眾期待，同時演出者也能預期觀眾的反應而有所行動，也就是說人們在他人面前演出時，通常竭力展現理想化的自我，高夫曼稱此為「印象處理」。

再者，高夫曼以舞台表演的概念—「戲劇分析」做為自我形成的分析架構。他將日常生活分為前台與後台，前台是正式扮演社會角色的地方，後台是可以輕鬆做自己的場域。例如：在前台面對老闆認真工作的員工，後台卻跟同事大罵老闆的不是。此外，前台又可分為「布景」與「個人門面」。布景是演出時的實質背景，例如：員工需要一個上班的地方，裡面需要有辦公桌椅、文具、電腦等；而個人門面則是各種裝備，可以讓觀眾辨識出演出者，例如：在銀行上班時需要穿公司制服，女生要套裝、男生要西裝，讓洽公民眾容易辨識你是這裡的員工。

因此，自我是在演出者與觀眾互動中形成，俗話說「人生如戲」就是最佳註腳。不過，我們在不同舞台會演出不同角色，在家裡、公司、情人面前等等，都上演著不同戲碼。我們要應付的角色龐雜，不可能完全涉入其中，因此「偷懶」的演出者以角色距離的技巧來因應，例如：年紀大的人玩小孩子的蹺蹺板，表現出無心地玩，用來向觀眾表示他是在做一個特殊的行為，而不是真的在玩。

佛洛伊德—我們在壓抑中成長

自我，佛洛伊德認為可分為三部分：原我、本我與超我。「原我」是尋求快樂的來源，當我吃飽喝足了，同時得到滿足，原我也讓我們具有生理上的功能，如性、吃喝等等；「本我」則是監督者，是我們內在人格與外界的警示燈，根據現實情況來指導行為，例如：肚子餓，本我阻擋我們去吃桌子，要等到我們找到食物時才能吃；「超我」是一位理想化的父母，超我起先要求我們的行為符合父母要求，長大後合乎社會規範，像是法官一樣，隨時隨地評斷我們行為的對錯。

文化就是壓制人性的社會制度，佛洛伊德從精神分析的角度相信人類原我

的存在，天生的衝動又以性趨力最為顯著，如果這些自我原始的欲求動力無限制爆發，勢必會造成社會混亂，因此人類需要社會化來壓制這些慾望，以維護社會穩定。

自我是觀眾與表演者互動的產物。

高夫曼

大聲批評客人
此時的自我表現出前台不能展現的非正式行為

禮貌地服務客人
此時的自我是要符合別人的期待，表演的方式是印象經營、角色距離等

表演者確定無觀眾進入的場域

後台

表演者與觀眾的場域

前台

自我有原我、本我、超我三個元素，而本我，是調節超我與原我的機構。

佛洛伊德

超我壓制原我的衝動，以「維護」社會秩序

原我
生物性本能，如性衝動、攻擊

潛意識的慾望

本我
監控本能需求以回應現實生活的機制

社會規範要求

超我
理想化的我，像是規範

社會化機構有哪些？

我們一生中要扮演許多角色，要當學生、父母、職員、老闆等，當然我們不是天生就能扮演好這些角色。而是透過對社會化有利的制度、個人或團體的協助，讓我們能學習如何扮演適當的身分，社會學稱為「社會化機構」，例如：家庭、同儕團體、學校、媒體、工作等。

家庭─社會化的基本單位

家庭是重要的社會化單位，尤其在學齡前或嬰孩時期，父母就像是一面鏡子，讓小孩在這面鏡子中學習認識自己，例如父母的管教行為，使得小孩懂得社會規範與價值。反之，如果剝奪嬰孩在家庭時期的社會化，小孩將會缺乏社會能力甚至影響往後發展，例如在印度發現的「狼童」，被人類發現時已經八歲了，卻不會人類的行為和語言，即使在受教育八年後，依然無法讀書，也無法與他人發展出持續的友誼。

另外，父母對小孩照顧的親疏關係，與往後人際關係的好壞、身心健康都有相關性。美國心理學家哈勞進行幼猴研究後指出，幼兒時期是否受到溫暖的照顧對促成社會化有重大影響。他以替代性母親的概念設計兩組實驗，一組是穿衣服的假猴，另一組則只有金屬架，結果發現與金屬架相處的那組幼猴顯出較高的攻擊性。顯示幼兒時期的孩童對父母的依附相當重要，不僅要給食物以溫飽，還要給予溫暖。

同儕團體─學習他人獲得認同

同儕團體的社會化從兒童時期便開始，小時候女生喜歡聚在一起玩扮家家酒、男生則是在一起談論無敵鐵金剛等，這時孩童學得與他人互動的能力，能夠感知他人的需求，學習如何處理親密關係。

對青少年而言，同儕團體更為重要。當青少年缺乏父母師長的教導時，往往轉而尋求同儕之間的支持，尤其是叛逆期的青少年受同儕的影響更大。社會學家研究發現，犯罪青少年受同儕影響大，家庭支持系統健全與無犯罪經驗的青少年受同儕影響較小。

此外，同儕團體也常是青少年逃離父母、師長壓力的支持系統，青少年常從朋友、同輩之間相互學習行為以獲得認同，尤其在團體壓力下，青少年能做出在師長面前不敢做的事情。

青少年在成長時期，常常會面臨來
自家庭、學校及同儕團體不同要求
的壓力，因此青少年時期屬於社會
化的拔河階段，讓青少年陷入社會
化的兩難課題：是要聽父母、師長
的話，還是要順從同儕團體。

家庭、學校

不可以抽菸

不可以刺青

不可以染髮

不可以談戀愛

不可以飆車

同儕團體

來一根菸吧！

是怕痛啊？
不敢刺青！

不染髮，
很遜！

談戀愛跟功課
有啥關係？喜
歡就追啊！

要不要一起騎
車夜遊？

學校教育—傳道授業解惑

　　上學去，是小朋友進入社會的初步，除了習得課本知識、語文、算數邏輯等科目外，還有社會價值，例如不懂國家與自己的關係時，小學生會唱國歌以「培養」愛國情操。當然學生也在學校裡被賦予了某些事物的價值，例如：升學主義、守法律、私人財產、勤勞工作等，以期待學校機構的社會化過程能讓學生成為「良民」，塑造成是遵守社會規範的好公民。

　　學校就像是一個小型社會，它不像家庭一樣可講私情、給予溫暖，在學校內有校規要遵守，是公事公辦而且是具權威取向的機構，因此，學生明白老師不像父母般溫柔體貼，也明白他們參加的是一個團體，不是與三四個小朋友玩。總之，學校與家庭的差異是讓我們進入更大社會化過程的一部分。

工作—理性的社會化機構

　　離開學校進入職場，我們開始參與理性的社會化機構。在職場上我們學習組織所訂定的標準化訓練課程，包含上下班時間、工作流程、人事規定等，以及為了提高組織效能的林林總總管理制度。同時，我們學習科層組織的特性：個人責任與階層服從，像是必須獨立完成工作、由自身擔起成敗的責任、對上司交辦的事項需盡力達成等。這些又與家庭、學校會講求人情、感情、容許犯錯的環境大不相同。

大眾傳媒—全面化的社會化機構

　　「沒知識，也要有常識，不然要常看電視」這句玩笑話說明了大眾媒體對我們生活的重大影響。現在生活中我們幾乎離不開媒體，打從小時候就從報紙、電影、電視等大眾傳播工具中學習各種角色、社會行為與價值觀。具體來說，大眾媒體「有意無意」地鼓勵某種特別價值觀或行為模式，例如：抽煙廣告的俊男形象、汽車廣告的中產階級夢想、具有政黨傾向的新聞等等，總之這些媒體傳播的內容，常在個人社會化過程中有著深遠的影響。不可否認地，電視是最廣泛使用的社會化工具，史美舍甚至認為，一般人相信電視是比父母還重要的社會化機構。

　　無論對成人或是小孩，電視節目都傳達出某些資訊，像是探索頻道（Discovery）中的實景節目對大人小孩都有意義，而像卡通「無敵鐵金剛」、「小甜甜」等此類具想像力的非真實性節目，讓小孩體會不同角色，習得男女差異、地位與身分等社會意義。換句話說，如果收看強調合作、分享與自我約束等正面性節目，則會刺激小孩學習這類行為。

　　反之，大眾傳播的社會化過程也產生負面效果，許多研究都指出暴力節目可能影響青少年是否表現出攻擊行為；另一方面媒體也強化既定偏見或主流價值，例如：強調性別形象、早期台灣連續劇「醜化」台語文化等。

每一個社會化機構都是生命必須歷練的過程，這表示社會化是連續的，每一機構當然也是不可分割的。

家庭

個體最早接觸的社會化機構，是奠定人格發展基礎的機構。

學校

兒童離開家庭後，進入學校。學校是制度化的機構，不講私情，讓我們學習規定、群體概念以及社會知識。

同儕團體

離開家庭後，面對我輩、同質性高的群體。同儕團體在青少年時期影響大，常成為青少年逃離家庭、社會壓力的場所。

社會人

工作職場

長大成人後，會進入社會工作。職場是高度理性化的組織，甚至是去人性化的管理，與家庭、學校容許犯錯的程度不同。

大眾媒體

媒體是當代最重要的社會化機構。許多研究發現，孩童表現出暴力行為與觀看電視內容有關。

活到老學到老

社會化是一個持續過程，而不是階段任務，雖然它特別重視兒童到成人的階段，但不表示社會化在成年之後就宣告停止，所謂「活到老學到老」，在社會學上稱此現象為「再社會化」。

再社會化的意義

　　所謂「再社會化」是指個人在早年社會化過程中欠缺某部分的學習經驗，或者為了適應新環境而必須重新學習新價值、行為與角色，例如：喪偶之後的單親家庭、職業改變、從軍等，此外，再社會化也包含了精神醫學、心理治療、矯正等機構，經由心理治療讓人們了解自己，重新塑造價值觀並導正行為模式，而矯治機構則負責導正犯罪者的行為，以期回歸社會時「重新做人」。

老年社會化

　　隨著人口老化，社會學開始關注於「老年社會化」的課題。我們都明白人進入了老年時期，體力會不如以往，記憶力也差了許多，伴隨而來的老年疾病也影響老年人學習的能力與情緒。因此，老年社會化不一定是成長的過程，可能是停止甚至退化。

　　失落感，是老年人主要的心理「困境」。年輕時期意氣風發的模樣，像是收入、權力與性能力，可能在晚年消失，甚至面臨喪偶、孩子不在身邊、退休等因素，讓某些老年人產生退縮的心理，或缺乏明確的社會角色可供執行，例如：現在不再是公司總裁能統領公司，而是一個沒有人理會的孤獨老人。

　　當然，也有些老年人秉持「活到老學到老」的精神，退休後依然學習新事物、新價值與新角色，諸如社區大學、長青學院等機構，提供老年人學習的場所，或任用老年人為老師，讓他們重獲自信，學習「新的」地位與角色扮演。

主動與被動的再社會化

　　從兒童到年老是一連串學習過程，然而社會學為了進一步分析再社會化現象，將再社會化細分為主動與被動。前者，是個人主動想改變某些價值、行為，例如：改變宗教信仰、自願接受心理治療等，社會學稱為「自願性再社會化」，意指個體想尋求新的角色認同，或新的價值來取代舊的。

　　後者，則是個人在「不甘願」的情形下接受再社會化過程，社會學稱為「非自願性再社會化」，像是罪犯被送入監獄進行矯治的處境，或是我國每個

男生都需要服兵役，把「男孩變成男人」的過程。

 二〇〇三年四月爆發致命流行疾病「SARS」，全台灣人們出門帶著口罩，深怕被感染，而對有染病之嫌的居家隔離者則被污名化，此外，在醫病關係上也出現變化，面對這些改變，你認為社會化機構是否應該介入？讓人們學習新的生活方式與角色。

自願性再社會化

為了順應新社會角色，而投入某一社會化機構學習。

 例如：
- 老年的長青學院
- 單親家庭的成長團體
- 在職訓練
- 宗教信仰

再社會化

重新學習新的社會角色或補不足之處。

 例如：
- 老年人重新適應退休生活
- 遭逢生活巨變的調適
- 精神疾病者的心理治療
- 犯罪者的監獄矯治
- 軍旅生活的再造人格

非自願性再社會化

為了社會和諧、整合目的，強制某些偏差行為者進入機構重新學習。

 例如：
- 精神疾病者的強制治療
- 犯罪者的監獄矯治
- 軍隊的思想與行為改造

社會互動

　　個人是組成社會的基本單元，但是社會並不是「一盤散沙」，而是遵循某一種機制整合，我們稱「社會整合」，而「社會互動」則是促成社會整合的一種方式。社會互動是人對彼此行為反應的過程，互動的範圍小從個人開始，大到學校社團活動、公司成員開會等等。互動不僅是藉由「交談」把訊息、意義傳達出去，也能讓我們具體應用如：符號、文字、語言、行為、表情等文化元素，並加以修正。社會學看待社會互動的觀點不一，不過找出隱藏的互動規則的目標卻是一致的。

★ 社會互動的基本規則是什麼？

★ 什麼是社會交換理論？

★ 什麼是破壞性實驗？

★ 日常生活的自我表演

★ 團體有什麼特性？

★ 什麼是初級與次級團體？

★ 大小不同團體的互動關係有何差別？

我們如何進行互動？

我們除了睡覺之外的時間，都可能處於與他人「交往」中，例如：與他人出遊、上網聊天、和家人一起吃飯、與情人說話等等，我們無時無刻都在與他人「聯繫」，甚至一個人獨處的時候，我們也可能會自言自語的「對話」，這種「交往」過程，社會學稱為「社會互動」。

互動是持續不斷的交談

交談是社會互動常見的方式。當我們向同事借一支筆，我們會說：「對不起，請借我筆」，同事回應：「要鉛筆還是原子筆？」，我們回答：「鉛筆」，並在接過鉛筆時說聲：「謝謝」，如此完成了「借筆」的互動過程。只是平常我們並不會意識到這過程有什麼「特殊性」，而是自然中就完成了。

社會學則指出，我們之所以能互動成功，是因為我們有共同的語言與文化背景，彼此說同樣的話，表現出可被理解的身體動作，才能順利地完成這項「任務」。如果我們向同事開口借筆時，同事根本不理，互動可能因此打住，無法繼續下去。同樣例子，社會學家強森在所主持的「表演」工作坊，讓兩位參加者進行一對一的對談，其中一人說故事，另一人則假裝不在乎對方在說些什麼，結果發現講話者會不知道接下來要講什麼，或失去講話的動力，談話因此中斷。

因此強森認為，「交談」是人與人之間營造出來的真實。我們是否完成或中斷「交談任務」，都是透過交談的形貌，例如：肢體動作、語言等，建構出雙方共同認可的情境，一旦某一方無法否定此情境，交談便無法再進行下去，也就是社會互動無法持續。換句話說，我們經由彼此的互動，創造且維持一個真實的互動情境，並以行動與外表來進行互動，同時也以此來「宣告」互動的結束。

人在真實情境中互動

那麼何謂「真實情境」呢？社會心理學家湯瑪斯認為只要人們相信是真的，這些情境就會變成真的。例如：有幻想症的精神病患總以為有人要傷害他，所以採取防禦動作，其中他相信「有人會害他」，這對他來說就是真實的情境。

我們界定情境，並且做出符合該情境的行動，否則互動無法「正常」持續。例如：有人在飛機上開玩笑說這裡有炸彈，他可能立刻被警察押下飛機，因為在飛機上，這樣的玩笑內容是違反法律的行為，此互動就必須中斷。

但如果社會互動一直中斷，社會則無法正常運作下去，試想你說的話沒有人了解，就像外星人一樣生活在陌生的地球。幸好，我們互動時常與他人「協調」，不斷地重新定義所處的情境，讓他人能了解自己的意思，如高夫曼的劇場理論所指出，個體常在不同情境中演出讓觀眾認可的劇碼，例如：反對「黑金」的政客，私下在立法院裡接受「黑金」賄賂，但在媒體面前卻是堅決反對「黑金」。

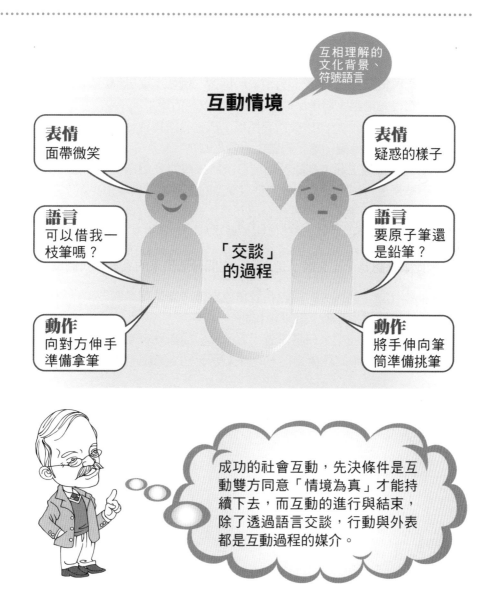

社會互動的基本規則

　　社會互動並不是雜亂無章、隨機發生，多數的互動產生與自己存在著某些關係，這個「關係」與他人交談互動時，所採用的方式有很大的影響。具體來說，在人際關係網絡中，互動好壞、表現親疏都因互動對象與我們的關係而存在差異，例如：華人價值觀中有一套「同心圓」的互動原理，以自己為圓心拓展出去，距離自己愈近的人互動愈頻繁，像是兄弟之間有較親密的互動；距離愈遠的人在互動態度上愈畢恭畢敬。例如跟公司的長官，或街上遇到發傳單的人，互動方式即會有所差異。

　　西方社會學家則是以「模式變項」解釋人類互動的情狀，以利於分析社會互動的結構規則，其中常見的四種模式變項：

1. **情感投入與情感中立：** 我們對情境的態度。例如：醫師對待病人是要像對待家屬一樣投入情感，還是保持情感中立，以利治療？

2. **特定與擴散：** 我們應該接受所有情境，或是有選擇性地接受。例如：病人應該接受各種治療建議，還是只聽主治醫生的？

3. **普遍主義與特殊主義：** 判斷互動情形時所採取的分類標準。例如：判斷好醫生的標準是包含了一般道德，還是只從他的醫療專業表現來評斷？

4. **自我與集體：** 互動時應該堅持自己利益，或與他人共享利益。例如：醫生是否能只捍衛自己利益，還是要以病人權益為主要考量？

　　這些看似「兩難」的模式變項是社會互動的分析準則，藉由人在情境中的兩難困境，協助我們認清社會互動的隱藏規則：「角色的認定」。因為，社會學相信社會互動（結構）的基礎在於角色期望，即是個體對於自己與他人的角色認定，才可能讓「互動」得以順利進行。

　　不過，上述的變項，只是學者「方便於」從事社會學分析的方法，每一個人都可以指出處於不同社會文化下的模式變項，以洞悉社會互動規則。

社會互動的對立變項

情感投入

- 例1：醫生應該視病人為親人，進行治療。
- 例2：銀行行員借錢給顧客，因為顧客是我兄弟。

情感中立

- 例1：醫生不應該將感情投入治療過程。
- 例2：銀行應該理性思考顧客的還款能力，才決定是否借錢。

特定

- 例1：病人只聽醫生的建議。
- 例2：銀行只借錢給能還錢的人。

擴散

- 例1：病人接受親朋好友的意見。
- 例2：我是銀行的老顧客，銀行會不顧一切地借我錢。

特殊主義

- 例1：這病人是醫生的兄弟，所以要好好照顧。
- 例2：銀行是我家開的，當然我容易借錢。

普遍主義

- 例1：不論病人與醫生是否有親戚關係，一切按照標準醫療程序。
- 例2：我去銀行借錢，行員需評估各項條件。

自我

- 例1：醫院把窮人轉去其他醫院，因為影響醫院利益。
- 例2：銀行只借錢給有正當職業者。

集體

- 例1：病人不分貴賤，醫院都會救治。
- 例2：銀行不可能借錢給任何人。

生活中潛藏的互動規則

「好的」互動可以獲致「利益」，「壞的」互動可能會導致「失敗」，因此人際關係教導我們如何做一位「超級業務員」，能與陌生人順利交談，同時完成交易。不過人際關係只是社會互動的一部分，社會學更關心什麼是社會互動的規則，而無關好、壞的價值評價。

社會互動是一種交易行為

用「交易」來形容社會互動，似乎把人類彼此的互動看成了市場的買賣─哪裡有利、報酬高，就往那裡投資。然而，人類互動過程的確受到「獎罰」的作用，例如：與一位和藹可親的人對話，比面對一位面露兇光的人容易，這種與他人互動的過程所遭遇的情境，被稱做「增強作用」，也可稱為「報酬」。

我們與他人互動時，透過他人給予自己的表情、語調、語句、肢體動作等等，做為情境界定，得知是否受到「鼓勵」（正增強）可讓互動繼續，或者是受到「挫折」（負增強）使得互動必須中斷。如同經濟分析一樣，人類互動等同於成本／效益分析，我們是理性的動物，自然會判斷在互動過程中是否能得到「最大好處」，而規避不利自己的對話。

報酬多寡決定互動強弱

社會心理學家何門西提出幾個命題來解釋人類「交易」的基礎，社會學稱為「社會交換理論」。

◆**成功命題：**如果某人在某一個行為產生時經常得到報酬，就愈樂意從事該行為。例如：病人「定期吃藥」的行為常獲得醫生的鼓勵，則病人可能會繼續「乖乖」吃藥；或是醫生如果接受病人們的「推崇」，則他會在醫生專業上更加「奉獻」。

◆**刺激命題：**在過去受到一組刺激，下次再出現同樣情境時，該行為愈可能產生行動，或相似過去的行動。例如：醫生成功治癒了某一罕見疾病，下次遇到此類疾病時，醫生會自告奮勇去治療該病患。不過也可能產生反向結果，如果該疾病太棘手，危急自身性命，像是SARS，醫生可能「落跑」。

◆**價值命題：**當行動的結果對自己有價值，則愈會從事該行動。例如：醫生成功救回沒錢繳醫療費用的病人一命，得到社會、家屬的表揚，醫生將會以此為榮，即使治療的過程需要承擔醫院行政的壓力。

◆**滿足感遞減命題：**如果個人的某項行為常受到鼓勵，最後該報酬反而沒有任何激勵作用。例如：醫生常被社會給予高評價，久了之後，此一評價並不會

造成醫生更積極的救治病人，除非有更高的「利潤」產生。

◆**攻擊命題：** 當某人行動並未得到預期的報酬，甚至獲致與期望不合的處罰時，他會憤怒或採取攻擊行為。例如：醫療糾紛中，醫生認為已經盡力挽救病患，但卻得到家屬「殺人」的指控，使得醫生感到憤怒，進而提出反擊行動，證明清白。

　　總而言之，何門西相信個體之間的互動是基於理性，並以追求利潤為基礎，任何社會互動的過程都是個人理性評估的過程，是否得到報酬或處罰都會直接影響互動是否持續進行或中斷。

破壞才能找出互動規則

我們每日上下班、走路靠右邊、遇到長輩問好、碰到人說對不起……，這些習以為常的互動過程，平常我們並不覺得有異，或許有一天醒來，認為這一切如此地荒謬，就如哲學家卡謬說：「當人們對自己單調、機械的生活開始產生厭倦時，提出了一個『為什麼』，意識在習以為常中覺醒時，荒謬感油然而生」，開始問為什麼要如此互動，不能有些創意嗎？

或許，你不同意卡謬的「荒謬論」，不過，社會學確實有一個理論專門找出日常生活互動的規範，來回應卡謬的「為什麼」，稱為「俗民方法論」，企圖找出控制人們相互接觸規則的理論。

葛芬柯是俗民方法論的開創者，他最著名的研究是「破壞性實驗」。葛芬柯的實驗預設是：社會規範的建構是現在進行式，只是參與者不自知，破壞性實驗的目的便是找出社會規範建構與重建的過程。

葛芬柯要求他的學生回家與家人互動時，要以一個不是家中成員的「陌生人」角色進行，例如與家人說話時要有禮貌、態度謹慎、穿著要正式，並且在家人開口說話時才回應。實驗結果表示，家人會對此行為產生不知所措、焦慮、憤怒等負面情緒，也有家人指責扮演「陌生人」的孩子是找麻煩的、自私的、無禮的。

雖然破壞性實驗招致倫理上的質疑，但是葛芬柯指出，破壞性實驗證明了我們不斷進行社會價值與意義的建構和重建，同時凸顯了日常生活的互動規則是如此脆弱，不容許違反規則的行為出現。

我們戴著面具進行互動

中國傳統戲劇川劇中的「變臉」，是由一位表演者在幾分鐘內變化數種不同的「面具」而著名。在日常生活裡，我們與他人互動時，何嘗不是隨身攜帶著不同的「面具」來應付各種的互動情境，高夫曼稱為「印象處理」。跟上司說話要恭敬有理，遇到同儕可談笑自若，在家裡可以隨意躺臥，在情人面前要愛意流露等，在不同情境下，我們需要戴上不同的「面具」與人互動。

高夫曼以劇場理論說明社會互動的規則，互動能順利進行在於我們同時是「演員」與「觀眾」。當我們是演員時，在舞台上盡力演出合乎觀眾要求的角色；當我們是觀眾時，就要變成一個盡職的觀眾，比如適時給演員掌聲。因此，演員在舞台上只是「表演」，並非原本的真實面目；所以，演員必須試圖以神祕感來增加社會距離，以確定觀眾不會看穿演員。例如：醫生要穿白衣服、用英文寫病歷、用專有名詞交談等，以在病人面前呈現「完美」醫生的專業。

社會互動論的比較			
理論名稱	社會交換理論	俗民方法論	劇場理論
主要論點	人們評估以前和可能的報酬與成本之後，彼此互動。	我們並不知道日常生活的互動規則，除非破壞它。	社會互動如同舞台上演員與觀眾的互動。

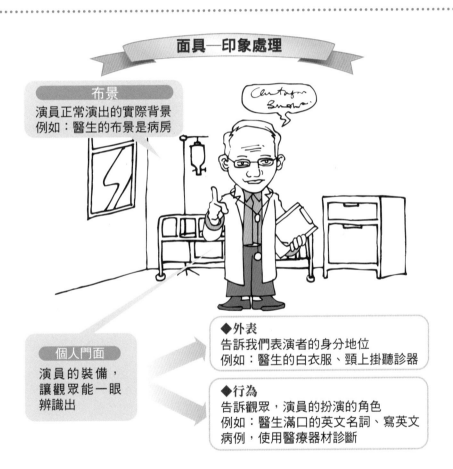

面具—印象處理

布景
演員正常演出的實際背景
例如：醫生的布景是病房

個人門面
演員的裝備，
讓觀眾能一眼
辨識出

◆外表
告訴我們表演者的身分地位
例如：醫生的白衣服、頸上掛聽診器

◆行為
告訴觀眾，演員的扮演的角色
例如：醫生滿口的英文名詞、寫英文
病例，使用醫療器材診斷

我們都是團體的一份子

如果社會是一個大型體系，那麼團體是社會中的小體系。從出生開始，我們便與家庭團體產生關係，長大後有同儕團體支持，工作後進入公司也有工作團隊，遇到情感困難有成長團體的幫助等，因此團體是我們學習新的社會互動方法時不可缺乏的社會基本單位。

社會學定義的團體

社會學所指的「團體」不是一群人聚集在某地，像是一起看電影的觀眾不算是團體。社會學家墨頓認為，「團體」是指一群人有密切關係且以固定方式互動，並宣稱自己屬於這個團體，而他人也認為他是團體的一份子。具體來說，團體具備了互動、歸屬感與旁人的認同。

互動是團體成員之間必會發生的行為，所謂互動不僅是成員之間講話、聊天等談話，重要是在互動中所構成的「規範」。例如：幫派遇到成員被欺負時會挺身保護，甚至每天聚在一起討論要去哪裡飆車。

「歸屬感」則是成員確定我們是同一個團體的重要關鍵，使得自己認同團體其他人。幫派的「入會儀式」就是向成員宣示認同團體的一種方式，並且為了表示效忠，甚至要展現更為勇猛的行為。

成員自認為是團體還不夠，還需要社區大眾同意這是一個團體。例如：一群志同道合的同學組成了一個登山社，這個學生社團如果沒有學校的認可就無法運作。

初級團體與次級團體

依據成員關係的緊密度，社會學把團體歸類為兩種：「初級團體」與「次級團體」。

初級團體是一群面對面互動的團體，成員的關係建立在個人基礎上，例如：家庭、情侶、死黨等。初級團體的成員數目少，常常必須直接互動，因此重視個人意見與情緒的表達，不像大團體要「開會」才能獲得團體目的。

相較於初級團體的「小巧」，次級團體的範圍就相當大了。所謂次級團體是由一群關係、情感較疏離，通常是因某些特別目的而聚集在一起，團體成員的重要性來自於他「是否有用」而不是個人特質。例如：公司行號，員工因「要工作」而聚集在公司，若有人表現不好，馬上會被另一個人取代，不像家庭、死黨等初級團體，團體中的每個人都是獨特的個體，無法被取代。

其實，這兩種團體類型的區分，只是社會學為了分析團體互動特性時的

指標。在日常生活經驗裡，我們會參與不同的團體類型，也可能是在次級團體中演變出幾個初級團體，例如：在公司裡，幾個無話不談的同事組成一個小團體，而成為初級團體。

團體的特性

1 人數
二人以上
→ 人數愈少，成員的個性愈突出
→ 例如：死黨、家庭、公司

2 歸屬感
成員必須對團體有責任感
→ 我們是「一國」的，團體必須獲得成員的認定
→ 例如：幫派的入會儀式或公司人事資料填寫與職前訓練

3 他人認同
團體之外的人認定我們是團體
→ 他們是「一國的」，團體必須獲得他人的認同
→ 例如：公司行號登記、媒體的關注、當他人想加入時

次級團體
1. 人數多、規模大、歸屬感低，需靠團體規範凝聚
2. 非情感投入的互動，關係疏離，例如：公司、科層組織
3. 團體壽命較短

初級團體
1. 人數少、規模小、歸屬感強、凝聚力大
2. 成員互動緊密，每個人地位皆重要，例如：家庭、死黨、公司次團體
3. 團體壽命較長

多 ↑ 人 數 ↓ 少

親 ← 親 密 度 → 疏

大團體好還是小團體好？

「兩個和尚挑水喝，三個和尚沒水喝」這俚語代表著團體成員的互動情況。團體中人愈多愈可以發揮「團結力量大」，卻存在「人多口雜」的缺點，反之人愈少則是有著「命運共同體」的休戚與共感，這種團體互動的規則，社會學稱為「團體動力學」，用來分析團體中重複發生的行為模式。

人多好辦事，人少夠團結

影響團體成員間互動的最大因素是「人數」。所謂團體，人數至少二個人，二人是最小的團體，這種小團體凝聚力強，但是也容易瓦解。例如「兩個和尚挑水喝」，如果其中有一個和尚不願意再去挑水，兩人可能會一起渴死，最後這個小團體就會瓦解。也因如此，兩人團體必須較其他團體互動得更為緊密、頻繁，使得兩人無法被他人取代，責任也無法分散。

三人團體是複雜團體的原型。三人團體的第一特徵就是「第三人」，他通常是一個機會主義者或仲裁者。例如「三個和尚沒水喝」，第三個和尚的出現，極力想佔便宜，不想挑水，結果每個人都想當那第三個和尚，責任因此分散。不過，第三者也是一個仲裁者，可以協調團體的衝突，或是建立溝通機制，當正反兩方意見僵持不下時，第三者的意向就能決定結論為何。

相較於三人團體，四人以上的大團體互動更為複雜。人數愈多的團體，成員間的互動頻率會變少，但是意見較多，也較具創造力。不過，為了達到團體的目的，大團體必須「壓制」成員的個性，通常大團體內的成員沒有相對等的發言討論空間，也沒有等份量的決策影響力。

此外，偶數團體（如四人團體）在做決策時比較容易陷入僵局，甚至可能分裂成兩派，而奇數團體（如五人團體）在意見不和時容易打開僵局，因為其中會有一方佔大多數或者當起協調者。

我們皆身兼數職

參與團體是個人普遍的行動。團體能使個人獲得社會認同，學習社會角色，也是將個人經驗轉化成社會經驗的媒介。反過來說，個人身分與角色來自於團體賦予，例如：公司頭銜、某先生、某太太等等，而往往與他人互動時，我們會以團體身分進行交談的第一步。

另外，我們也常「一人身兼數職」，同時屬於公司員工、家庭成員等次級團體與初級團體，有時會產生角色衝突的情形，例如一旦有災難時，身為救災人員是應該跑回家與家人在一起，還是應該履行救災職責前往災區救護。不

過，史美舍認為對初級團體效忠，會有利於救災防制體系的建立，而在緊急事件發生時，初級團體較容易產生危機溝通機制，讓角色衝突的情形減到最輕。

團體人數與互動關係

比較項目	二人團體	三人團體	大團體
人數	二人	三人	四人以上或更多
成員意見表達	強	中	弱
目的	情感支持為主	情感與工具目的	工具性目的
歸屬感	高	中	低
分工性	低	中	高
成員角色	兩人相互依附	第三者是機會主義者、仲裁者	分別負責
決策模式	容易一拍兩瞪眼	可以用「表決」的方式	高
例子	情侶、夫妻	死黨	社團、公司、工作團隊

註：團體人數多寡並非一定是界定團體類型的因素，互動頻繁的四人以上大團體，也具備小團體的特質。

社會組織

在日常生活中我們離不開「組織」：白天八小時在「公司」、休閒時間去「百貨公司」購物，進「學校」上學唸書……。無所不在的組織型態，讓我們的生活更加便利，但同時也造成我們生活的不便，像是在政府機構申辦文件，必須經過重重關卡，耗費時間。雖然市面上總是不乏關於組織活化、組織再造等商業管理書籍，不過社會學並不是教導組織如何在競爭激烈環境存活下來的方法，而是採用批判的論點，探討組織特性以及與日常生活的關係。

★ 現代社會的組織有什麼特色？

★ 組織是如何被管理的呢？

★ 組織的權威如何產生？

★ 什麼是科層制度？

★ 韋伯的科層組織理念型是什麼呢？

★ 科層制度有哪些優缺點？

組織—現在社會的特徵

在傳統的年代裡，人們關係緊密，生活以家庭、鄰里、村莊等小團體為主，工作的分工程度也不高。直到工業革命之後，農村人口進入城市、工廠工作，為了求大量生產、提高產能，工廠開始進行組織化。直到今日，「組織」已經是現代人不能逃脫的生活型態。

組織的特性

那麼，一個組織會有哪些典型的特性呢？以一般人正式誕生的組織—醫院為例。醫院是一個現代化的組織，有著各項規定與各種分工：負責接生的是婦產科、生下小孩後是小兒科負責，小兒科還分為小兒外科、小兒內科等等；醫院對病人的疾病分科細緻，同樣地，醫院內部也有著上下層級的服從關係和各種規定，例如：住院醫師要服從於總醫師、總醫生要服從於主任，另外還有醫生的保密條約、探病時間限制……等種種規定。醫院組織只是一例，社會的組織種類更多元，彼此的差異性也相當大，但是仍有其相似之處。從韋伯提出的「理念型」，我們可以更清楚地了解組織行為和特徵：

1.權威的從屬關係：組織裡層級低者要聽令於層級高者，例如總經理要聽董事長指令。一連串的命令型態，韋伯稱之為「命令連鎖」。

2.明文規定：組織的規定能提供員工們工作上的指引，讓工作「順利」變成規律化。通常各部門都會有其規定，有些規定得仔細、有些則寬泛。

3.全職全薪：組織以全職全薪雇用員工，員工必須全天候的專心工作為組織效力，並將此工作納入自己的生涯規劃。

4.公私領域分明：身處組織中，辦公室的活動必須與居家生活分開，不僅如此，兩者擺設的物件、功能、氛圍等也都有很大的差異。

5.員工不擁有生產工具：剝奪工人的生產資源是科層組織能順利發展的原因之一。相對於傳統社會的工匠能掌握生產工具，當今的組織成員就連上班地方的電腦、桌椅、影印機、電話……等都是由組織提供。

韋伯與理念型

如同每一個人在評斷事情時心中都有一把尺做為評量標準，韋伯在探討現代組織型態時，即是以「科層制度」一也就是所謂的「理念型」概念做為對照的基準。韋伯注意到資本主義社會裡大型組織興起的現象，這些公司、政府機構組織裡的人數愈來愈多、分工愈來愈細緻，然而為何這些組織型態不會被淘汰？韋伯歸納出現代組織裡「科層制度」為其主要特色，以科層制度為其理念型，在此分析架構下發現分工與分層負責是現代組織共同的特徵，如此組織才能順利運作，延續生命。

影響組織結構的因素

　　百人公司和十人公司的組織結構有什麼不同呢？我們可想而知，百人公司分工較細、部門眾多；反之，十人公司可能只有兩個部門，工作區分也較不明確，由此可見，組織的結構與規模大小有關。一些研究結果也贊同組織人數是影響分工的情形。當人數增加時，老闆必須把權力分散給各部門主管而無法「一人獨大」。但是，當組織規模隨人數增多而擴大，分工愈來愈細，需處理的「公文」也會增加，致使行政部門跟著擴增，最後陷入規模愈來愈大，冗員卻愈來愈多、組織愈來愈缺乏效率的惡性循環。此外，電腦與網路的使用，也明顯地影響了組織的結構，資訊科技的進步解決了龐大組織缺乏效率的部分問題，例如更有效率的處理資料，讓組織運作更具彈性，甚至允許員工在家上班。不過，研究也指出網路並無法代替面對面的溝通方式，組織管理也不容易只透過電腦系統來監控。總之，組織的未來型態會因科技而改變，卻不可能消失。

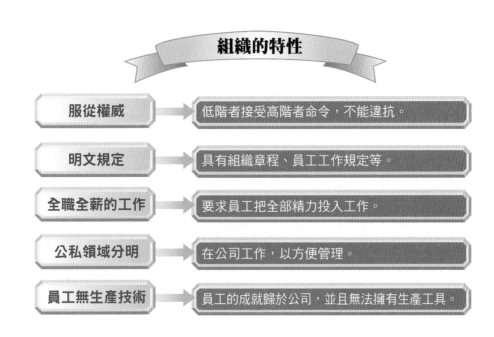

組織的特性

服從權威	低階者接受高階者命令，不能違抗。
明文規定	具有組織章程、員工工作規定等。
全職全薪的工作	要求員工把全部精力投入工作。
公私領域分明	在公司工作，以方便管理。
員工無生產技術	員工的成就歸於公司，並且無法擁有生產工具。

組織的社會學觀點

一般認為組織興起於工業革命之後，為了在短時間內生產出大量商品，工廠不得不增加員工與設備，因而逐漸形成一個龐大組織。當然隨著科技的進步、社會的變遷，組織型態也不斷地改變中，社會學對組織行為的觀點也將有所不同，但大致上離不開以下介紹的幾種觀點。

去人性化管理—泰勒主義

在二十世紀初，組織最關心的問題就是提升產能，誰能提供增進工廠產能的方法，誰就能解決當時工廠的危機。解決方案被一位原為工程師的泰勒率先提出，他的想法是，只要能控制每一部機器與工人用規定的材料與方法，就能精準算出可靠的產量。經過多年試驗，最後他發現以「生產線」裝配方式製造產品，能在一定時間內達到最大產能。

此外，組織應該提供舒適、安全的環境來降低工人的工作疲勞，並且計算工人在工作流程中每一動作所需的時間，以生產線方式掌握工人的每一個動作，促使工人在規定時間內完成份內工作，藉此提高整體的工作效能。因此，每個人都像「大機器中的小螺絲」一樣，只關心生產力是否提升，至於工人的心理情況並非重點所在。後來，泰勒所創的「去人性化」科學管理，稱為「泰勒主義」。

人際關係管理—霍桑效應

去人性化的管理並不能全然增加產能。一九三〇年代，美國西方電子公司在紐澤西的霍桑工廠進行一項研究，主要探討工作條件（光線強弱、休息時間等）與產量關係。結果發現工作條件與產量並不一定成反比，即使把廠房燈光調暗，產量還是會提高，這項研究結果被稱為「霍桑效應」。

霍桑效應指出，提高產能的關鍵並不在於硬體設備、生產流程的管控，而是在於組織成員的心理狀態。工廠產能高低不在於老闆或工人的期望使然，而是工人之間的非正式關係決定了工作步調與產能。因此管理者需注重非正式組織的組成與動向，像是福委會、工會等，從增進員工向心力來提高生產力。

分工分層管理—科層化

無論是生產流程的科學化、掌握員工的心理狀態都是能夠增加生產量的方法，但是面對一個人數眾多的龐大組織，不僅有眾多員工，還有中階管理人員，如何才能讓這些分屬不同部門的員工有效率地執行工作？分工合作、分層

負責的科層組織型態是解決此問題時不可避免的經營方式。

　　韋伯曾說，科層組織是資本主義無法避免的管理制度。雖然韋伯試圖建構理想的科層組織，含括分層負責、詳細規章、理性計算……等等科層組織的理念型，不過現實上卻往往無法實踐，反倒是科層組織的缺點一一浮現，像是組織愈來愈龐大而缺乏效率、出現冗員等「官僚」問題。

內部調整與外在環境相關─系統整合觀點

　　然而組織並非一成不變，而是會因環境變化而改變結構。

　　組織內部結構調整常常與外在環境息息相關，例如科技進步，員工可以透過網路在家工作，公司也可以無辦公桌的方式經營等。這些現象促使晚進的組織社會學者，關注組織內部如何因應外界環境變化的議題。簡單來說，他們認為組織為了求生存必須應付外在環境而採取對策，必要時忌諱調整組織內部的結構與規則，讓組織能在社會變遷中順利成長。

常見的組織社會學理論

泰勒主義
- 以提高產能為目的。
- 把人當成機器，去除人為的不穩定因素，達到標準化生產過程。
- 又稱為去人性化管理。

科層化
- 組織分工成為各個部門。
- 各部門各司其職，下對上層層負責。
- 是資本主義不可避免的組織制度。

霍桑效應
- 認為「人」才是組織管理的重點。
- 主張處理好員工的人際關係，將有助於提升生產力。

系統整合觀點
- 將組織視為隨時在變化的生命體。
- 組織內部調整與外在環境密切相關。
- 決定組織是否能存活下來，端看組織如何調整內部壓力與外部問題。

組織中的權威類型

社會學中關於組織與權威的理論，以韋伯所提出的「權威類型」最為著名。韋伯把權威類型分為三類：合法性權威、傳統性權威和卡理司瑪權威，說明領導者的權威與地位如何影響被領導者是否甘願跟隨。

合法性權威

　　韋伯認為，合法性權威必須落實於有效率的科層制度中。合法性權威者擁有支配的正當性，其正當性來自於組織內的規定；受支配者則是以組織「成員」的身分同意服從規定。也就是說，受支配者此時並不是服從某一個「個人」，而是服從制度。因此，擁有合法性權威者處理公事時必需依據規章，不容許有公私不分的情形。例如我國元首的統治權來自於憲法，人民所服從的是憲法所賦予元首的統治權力，而不是元首個人。

傳統性權威

　　具體來說，傳統性權威源自根深柢固的文化價值，譬如尊師重道並不需要特別理由，學生「本來」就被認為應該服從老師。傳統性權威的正當性正是來自於一種相傳已久的制度，人們都相信這樣代代相傳的制度有其價值，像是古代皇帝制度和當今皇室制度，讓人民願意承認傳統世襲制度所產生的領導者。簡單來說，傳統性權威中，被領導者與領導者之間並沒有正式法律規定、也沒有行之於文字的契約，端看被領導者是否遵從傳統。因此，一旦傳統文化與價值不存在，傳統性權威的領導型態也會逐漸消失，例如英國、日本首相民選後，皇室家族領導統禦權已經交給首相，其存在意義只是象徵意義，人民在法律上並不需要服從他們。

卡理司瑪權威

　　「卡理司瑪」是宗教詞彙，意指「天賦異稟」，即是具備超凡能力的人，歷史上有許多例子，像是希特勒、教宗等，多少都具備超越常人的人格特質，讓追隨者願意服從其指揮。卡理司瑪權威中，「聖蹟」是此類領導人獲得追隨者服從的重要因素，就像宗教領袖與信徒的關係，宗教領袖需以神蹟來讓信徒死心塌地地服從，認為他們不是平凡人物，而是上帝的使者；然而當神蹟被識破，宗教即會被認為是騙術，信徒也會一哄而散。因此，卡理司瑪所領導的組織通常是暫時且不穩定的，當追隨者一旦信心動搖，組織就會崩潰。不過，韋伯認為卡理司瑪領導者是革命的力量，他們的揭竿起義才可能帶來社會重大的變革。

權威的三種類型

合法性權威	傳統性權威	卡理司瑪權威
支配正當性來自「位置」，不是「個人」	支配力來自傳統文化價值觀，或世襲制度	支配力量來自於「個人魅力」與追隨者的信任

例如 | 例如 | 例如

依據憲法，人民可直接選舉總統。 | 封建時代，皇后產下一子即為天子。 | 亂世時代，一位有理想的青年隻身反抗政府。

人們進行投票選出心目中的總統。 | 天子從小準備繼承國王的位子。 | 他的理想性格，與敢與當權者對抗的行動，被視為傳奇。

參選人中得票高者成為國家領導人。 | 天子長大成人後，在國王身旁學習。 | 他的革命行動吸引更多人追隨參與。

新任總統依據憲法宣誓就職，憲法與人民賦予總統統治權。 | 國王死後，天子自然接替，成為新任國王。國民繼續接受新國王的領導。 | 最後，成立一個組織性革命團體，持續進行改革。

層層分工與負責─科層制

工業革命後，組織正式大量地在我們生活周遭出現，像是政府機構、營利組織、製造工廠等等。不過，一旦組織規模愈來愈龐大，投入的人力與資源愈來愈多，組織內部結構也隨之改變，為了讓組織繼續生存，因而出現各種制度與管理方式，例如：科層制度、科學化與去人性化管理……等。

「科層」的字義來源

科層制度是當代龐雜組織的主要特色。「科層制」的英文是「Bureaucracy」，由葛納在一七四五年所創。希臘文「bureau」本意為「訂規則」、「辦公室與辦公桌」，而「Bureaucracy」引伸為「官員規則」之意。因此，「科層」概念最早被使用來探究政府組織的結構，後來則泛稱「龐大組織」所具有的組織特性。

為何需要科層制度？

科層制度是現代社會組織的主要特徵，雖然科層制常招致缺乏效率的批評，不過仍有其優點。以科層制分工的現代化工廠來說，其生產線產量比傳統的家庭代工高出許多，例如現代化郵政系統比飛鴿傳書效率高上幾百倍。韋伯認為科層制度使得一般性工作轉變成專門化的工作，以分工精確、快速、標準化的方式運作組織，因而使得科層制成為當今社會的主流。

科層制運作的核心─權力

管理複雜、龐大組織的最佳方法便是實施科層制。韋伯就建議，擁有人數眾多的現代化組織，想要提高組織效力，科層制是重要模式，其中權力是科層制度運作的關鍵。藉由令人無法抗拒的權力，讓組織部門間得以運作流暢。

為了防止權力鬥爭使得組織停擺，權力的執行必須依附在「規定」上，規定是組織中用來規範全體而普遍存在的規則，不是針對「個人」而設，例如公司規定早上九點上班，則全體員工都應該在九點準時上班，不因人而異。對於老闆而言，他也不需要對每件事情下達命令，只要依據規定做事，老闆自然能夠掌握每一員工的動向，同時給予「適當」賞罰。

此外，「監視」也是權力的實踐手段。「規定」讓員工能按部就班地工作，監視系統則是評估員工工作成果的機制。例如生產線的員工有著明亮、寬敞的工作環境，目的之一就是讓管理階級能「觀看」每個員工的工作情況；又例如電腦監視系統，讓老闆能管控員工是否在上班時間處理私人電子郵件、瀏

覽色情網站。另外，像是員工每日例行的工作日誌、各種報表資料的歸檔等，
也都是管理階層監視員工的細緻手段。

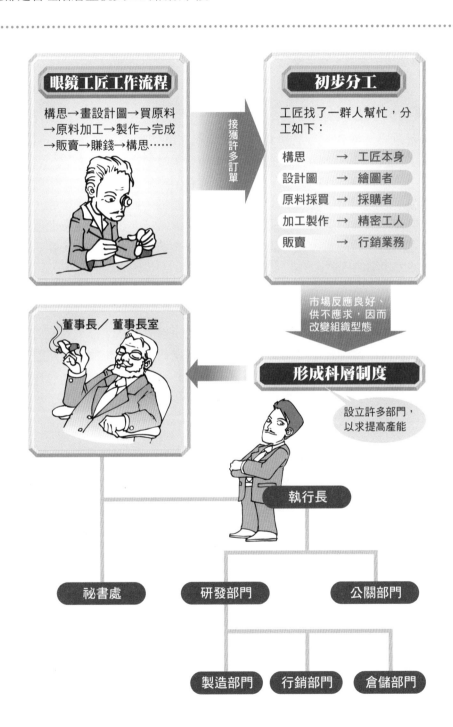

科層組織衍生的問題

科層化解決了某些問題，另一方面也製造出許多問題。例如去政府機構洽公時，申請過程可能需要經過「層層關卡」、數十個用印，等到「公文旅行」幾個月後，才會得到回覆。也就是說看似專業分工的層級單位，卻得到缺乏效率的批評，不僅如此，疊床架屋的擴充、官樣文化等等，都是現代化組織的缺點。

組織中的非正式組織

所有政府、機關、行號都會明文規定員工的責任與活動，這些明訂的規章構成了正式組織。不過，在正式組織中，員工被集合在同一時空、共同達到組織賦予的任務時，往往會發生損及彼此友誼，產生敵對、權力鬥爭的情形，使得其中「志同道合」的員工起而組成非正式組織，如派系、小團體、聯誼社等。如果管理階層對這些非正式組織「處理」得當，非正式組織反而能夠解決未被規定所衍生的問題，或者減少工作時的不愉快。然而相反地，非正式組織也可能造成組織的困擾，例如流言中傷某人、相互掩護打混摸魚……等等。

官樣文化組織反應慢

組織中的規章是依照理性計算後所訂定的，目的是為了提高效率或產能，但落實在現實中卻往往不是如此。墨頓指出，當員工重視程序、規章時，可能會忘記當初訂定規章的初衷與目的，最後只是一切「依法」行事，有如例行儀式一般，不用「大腦」也能順利完成工作，墨頓稱之為「儀式主義」，不僅阻礙了組織回應環境變化的能力，也損害了原先希望達到的效率。

疊床架屋組織自我擴大

組織為了回應外在環境需求，規模往往需要愈來愈大，在人手不夠的情形下增加員工人數。為了安置這些員工，組織裡也會劃分出更多的部門，結果造成整個組織過於龐大，徒增了許多無用的工作，致使生產力逐漸下滑，此一現象社會學稱為「帕金森定律」。這現象在政府組織中最容易發現，例如為了服務原住民創立原住民部門、為了服務客家人成立客家電視台……等。如此疊床架屋的結果可能導致事權不統一、工作效率低落，而員工為了不被裁員又要表現出很忙碌的樣子，最後反而無法貫徹新增部門為民服務的目的。

名不符實的向上升遷

在工作崗位上表現優異的員工，受到老闆賞識而提拔，似乎是理所當然

的事情。但是這種合理晉升的程序在科層組織中卻可能造成無法適才適所的不合理結果，社會學稱為「彼得原理」。彼得原理揭示了科層組織成員升遷的問題：有工作成績的人被提升到高一級的職位；而如果他們繼續表現良好，又將被進一步擢升，直至他們所不能勝任的位置。最後，本來可以在低一級職位施展優秀才華的人，現在卻不得不處在一個自己無法勝任的較高職位。而為了保住職位，他們多半僅能謹守本分，並掩蓋其無能之處，打算在這個職位上一直耗到退休，造成組織充滿許多冗員，徒增人事成本。

科層組織的主要缺點

缺點1
行之多年的典章制度，最後變成例行公事，致使員工缺乏工作彈性與熱誠，無法回應外在環境的改變。

稱為「儀式主義」

缺點2
為了增加人手來減少工作量及提昇效率，反而使得組織規模膨脹，層級變多、人員增加，卻無法提昇工作效率。

稱為「帕金森定律」

缺點3
不斷晉升員工，反而將能力不足者置於高位，致使能力不足者以保守作風掩蓋無能之實。

稱為「彼得原理」

社會制度

社會制度提供了一個讓人們可以互動的基本「位置」，人們生活在此位置裡，其角色與行為都有基本的樣態，讓人們能夠在此基礎上與他人互動，例如：家庭制度、宗教制度、教育制度……等等。只是社會制度的存在有好有壞、褒貶不一，在此章節我們大略的以功能論與衝突論的二分法來探究社會制度。簡單來說，功能論認為社會制度的存在對於社會來說是利多於弊；相反地，衝突論則認為弊多於利。無論是哪一種立場的論述，都只能解釋某一部分，並不能提供完整的解答，當然社會學也不可能告訴你哪一個立場才是真理，端看自己如何被「說服」。

★ 為什麼我們要有社會制度？

★ 為什麼社會像生物有機體？

★ 社會學如何看待家庭的意義？

★ 母性等於天性嗎？

★ 什麼是沒有學校的教育制度？

★ 宗教存在的意義是什麼？

什麼是社會制度？

如果我們仔細觀察人們角色互動的情形，會發現人類的行為相當複雜又難懂，有些互動能順暢進行，有些又會產生衝突，但是人與人之間的關係並沒有因此而決裂，社會也沒有解體，為什麼呢？社會學認為是「社會制度」與「角色期待」的作用。

個人的基本定位—角色

俗話說：「人心隔肚皮」，意指人的心思很複雜，想要揣摩別人真正的想法是很困難的。雖然社會學家沒有人會否認「人是複雜的」，但複雜並不是表示沒有章法，社會學家便致力於發現人與人之間互動的依據—角色。

「角色」是指每一個人在社會上所處的「位置」，例如：老師、老闆、公務員、上班族、男生、女生等等，有些是先天命定的，有些是後天而得的。但無論哪一種，都有與其呼應的行為模式做為角色定位與互動時的依據，社會學稱此為「角色期待」。例如：一位具有老師身分的人，面對學生跟面對同事會有不同的行為表現，因為老師和同事是兩種不同的角色。

因此，我們可以知道人們在互動時並不是無意識地反應，而是主觀地詮釋「角色期待」後才產生行為，所以，在社會中，大家會期待醫生的角色是要治療病人、父母的角色是要關心小孩。

社會的劇本—社會制度

那麼，何謂社會制度？以老師與學生的角色為例，即使是由不同的人來扮演老師及學生，彼此的互動方式通常會依特定的劇本來走且差異不大，此劇本即是教育制度。因此，我們可以說，當某同類角色的行動都是依據特定的「劇本」而行時，這個「劇本的集合體」就稱為「社會制度」。

社會裡的各種制度像是家庭制度、教育制度……等，規範著什麼角色應盡什麼樣的義務、做什麼事、擔負什麼樣的社會責任，形成對個人角色的認知與彼此互動的依據；反過來說，制度是許多正式角色的集合體，而最基本的角色互動模式正是複雜的社會制度的基石。

社會猶如生物分化

我們從角色的概念推演出社會制度形成的過程，但卻難以解釋為何我們需要社會制度？引用功能論的看法得到的答案是：這是社會分化的結果。

人類為了求生存而群聚一起，最後形成社會。當文明愈進步，人口愈多後，社會開始高度分化，人與人之間必須互相依賴、分工合作才能生活，自然而然地建立不同的組織、團體等，同時產生社會公認的行為法則，形成社會制度。例如：我們需要教育延續文化，所以有教育制度產生；要買賣商品而有了經濟制度；要有統治者而有了政治制度等等，社會不斷分化的現象，猶如具有生命能自我繁衍、進步的生物一般，因此史賓賽將社會比擬為「生物有機體」。

史賓賽認為社會就像是生物一般，從最簡單的狀態演化成複雜的結構，愈是複雜的生物體愈需要各種器官獨立運作與彼此間的分工合作，才能讓生物生存下去。在農業時代，家庭基本上可自給自足，不太需要其他人協助；在工業化後，家庭開始無法自給自足，需要工廠製作的衣服來保暖、農作物需透過中間商才能賣出去，家庭用的水電都有獨立機構負責提供。現代人身上的一切物品：衣服、鞋子、公事包、錶……，都是由社會不同部門、制度所提供，社會愈專精化，社會結構也愈形複雜。因此現代社會制度之間，彼此首重分工與協調，否則其中一個環節出現問題，都可能導致社會分崩離析。

社會制度的功能

根據史賓賽的生物有機論，社會制度普遍存在於各種社會中，並滿足社會某一部分的功能，例如：經濟制度的存在，個人才能買到所需物品，才需要到公司上班；而經濟制度中的法則可提供人們行為標準，如股票買賣程序有其規定。

換句話說，社會制度提供一套行為標準，讓個人面對每一件事情時不用重新摸索，同時又具有約束力，如此社會才能穩定發展而不會解體，如家庭制度加強了男女關係；宗教制度強化了同一信仰彼此的關係；法律制度處罰違法，維繫社會秩序。

社會生物有機體論

| 生物體 各系統獨立且合作 | 社會 各制度獨立且合作 |

神經系統

循環系統

呼吸系統

消化系統

對應於社會整體

教育制度

經濟制度

宗教制度

法律制度

消化系統：吸收養分以利成長，排除廢物避免生病。

法律制度：處罰不法、獎勵合法的社會控制力。

史賓賽

社會猶如有機體一樣有了生命，它會自我成長、演變，其結構及功能則日益分化。社會中的各部門（即是制度）間無法相互替代，所有的部門皆有助於整體的功能運作。

家庭

我們在家庭中成長、學習，長大後又組成另一個家庭，生命便如此生生不息。然而家庭制度隨著社會變遷，家庭的功能與結構也隨之改變，引發社會學的探討，例如：家庭功能會被取代嗎？家庭是資本主義的另一個「工廠」？照顧小孩是媽媽的天性嗎？種種問題經由社會學的解釋，給我們一個思考的路徑。

經濟因素影響婚姻制度

一夫一妻制是今天婚姻系統的主流，但在其他社會也有一夫多妻、一妻多夫制度，是哪些因素能推動某一個婚姻制度而非另一種呢？社會學研究發現經濟因素是重要的原因之一，如果某一個部落需要許多女性幫忙生產，常會多娶妻妾以協助提升家庭經濟，如台灣傳統觀念裡，男生可娶多妻以協助家計，早年台灣的政治領袖與企業家就有許多這樣的例子。

為何在台灣傳統觀念上能默許一夫多妻而非一妻多夫？究其原因，是因為以往台灣是父權社會的緣故。男性身為一家之主，有控制其他成員的權力，娶多位妻妾可以彰顯其權力；反過來，如果在母系社會，一妻多夫制度就可能是可被接受的家庭形式。當然今日社會男女平權意識抬頭，女性急於爭取與男性同等的權力，在一夫一妻制中丈夫與妻子更能公平合理地共享家庭資源。

家庭功能的改變

比起農業社會時的家庭型態，今日家庭功能已經有所改變。在農業社會時，家庭組織是一種合作經濟體，多半可以自給自足，而工業化興起之後，家庭呈現高度分工的型態，例如丈夫需外出工作，妻子則多半在家照顧孩童、分擔家務，家庭的經濟生產功能逐漸被工廠取代而消失。

此外，許多傳統的家庭功能也逐漸被社會其他制度所取代，像是孩童必須上學，不再是在家受教育，學校機構分擔了家庭教育的角色；而傳統家庭所提供照顧成員生老病死的「福利」功能，也被社會福利制度取代，例如由醫療機構提供健康照護；政府的退休制度亦代替了家庭照顧年老成員的需要。

高度分工化的社會導致傳統家庭功能逐漸式微，甚至是瓦解。隨之而來的少年犯罪率問題、離婚率提高、單親家庭增加等因家庭解組而產生的社會問題，則讓重建家庭倫理的議題受到重視，政府積極透過政策、宣導方式重整家庭道德以消弭社會問題。不過家庭功能雖然萎縮，家庭問題也愈來愈多，但社會並沒有因此解體，功能論者認為，這是因為當家庭功能式微時，社會其他部門會自動地「補其不足」，以維持社會穩定發展。

家庭是社會衝突的縮影

　　對於家庭內產生的衝突，例如：家務誰來做、婦女是否要外出工作或留在家中、丈夫的薪資應該如何分配等，衝突論的主要觀點是權力關係的不對等。莎菲利歐斯‧羅斯查德分析男女權力關係時，指出「愛」是夫妻之間權力不平等的重要原因。她認為配偶「愛得愈多、權力愈小」，而愛得比較多的通常是在妻子這一方，妻子常以愛來換取丈夫較多的經濟資源，因此，妻子的權力比丈夫小。

　　此外，衝突論者認為家庭是社會衝突的縮影，主張工業革命把家庭化約成「交易」場所，例如童工問題，就是家庭為了賺更多的錢貼補家用，而出賣兒童的勞動；或是婦女只在工廠大量缺人時才能有工作，遇到大裁員時婦女首先被資遣，又回到家庭。

　　甚至，資本主義「剝削」的觸角也伸入家庭，家庭被新馬克思主義者描寫成「再生產」資本主義邏輯的場域，家庭就像是工廠一樣。老闆分配自己的財富給工人（丈夫）做為工資，再由丈夫分配財富給妻子。也就是男人外出工作從老闆手中賺得的工資，再分配給妻子，妻子卻要負擔更多家務與養育子女的勞動，甚至是無償的勞動，這是一種不對等的剝削關係，猶如丈夫被老闆剝削，妻子被丈夫剝削，其運作過程跟資本主義同出一轍。

母性是天性？

　　婦女照顧子女是出自於母性嗎？母性是天性嗎？女性主義者大衛主張母性是社會概念，是在特定歷史條件下形成的概念。一般會將母性視為天職，是因為女性懷胎歷經十個月後，應順理成章地照顧小孩，但沒有任何生理證據指出，生小孩與照顧小孩是等同的事件。反觀男性，雖然沒有生孕功能，並不表示男性「天生」沒有照顧子女的能力。因此，一些女性主義者認為，女人生孕小孩的能力，應與母性的社會角色有所區分，生小孩並不等同於母性，更不等同女人「天生」要照顧子女。

● 父權社會：一夫多妻制
● 母權社會：一妻多夫制
● 平權社會：一夫一妻制

結婚

● 功能論：夫妻先天上
  有別，家務分工亦有
  差異，並非不平等。
● 衝突論：丈夫象徵老
  闆、妻子是勞工，家
  庭是資本主義經濟的
  縮影。
● 女性主義：母性 ≠ 天
  性 ≠ 女性

成立家庭

誰在組成家庭？

何謂「家庭」？在大多數人的生活經驗裡，家庭裡有父母，並與兄弟姊妹住在一起、一同成長、分享生活的喜悅，我們在家庭裡學習了做人處事的道理。回答這個問題似乎輕而易舉，但是社會學所探討的家庭面向卻不僅如此，除了上一節的功能論與衝突論的理解之外，女性主義學者更有不同的想法。

家戶的概念

以父權思想為主的社會學認為「家庭」是指具有親屬、親情與血緣關係的人，例如：兄弟姊妹、父母等人所構成。然而，這樣的家庭觀念受到挑戰，女性主義者主張如果堅持以傳統家庭觀念看待「家庭」，會忽略女性角色的重要性，因為傳統一夫一妻的家庭價值，丈夫永遠是家中經濟的支柱，妻子最終都是成功男人背後的影子。

為了徹底打破父權的意識型態，及一夫一妻的核心家庭觀念，女性主義者試圖以「家戶」概念延伸家庭的範圍。家戶意思是在同一屋簷下，以感情為基礎的人們住在一起，這樣的概念擴大了家庭的定義範圍，可包含了未婚媽媽、單親家庭、同性戀、不婚族、同居等，打破了傳統以「兩性」為家庭的基本元素。「家戶」概念，很明顯地指出女性主義者不相信任何一種家庭型態是「理所當然」形成的，不是男女結婚後自然就是一個家庭，因為家庭的形成不是基於生理需求，而是社會對個人的角色期待。

家庭型態的分化

社會學理論習慣討論社會與家庭的關係，卻鮮少檢視家庭內成員的關係、情緒問題等。對此，女性主義者就主張家庭不同成員的生活經驗並不同，不能將家庭整體視為分析單元。因為，家庭原本就是一個很容易受外在社會生活影響的制度，如果單以「家庭是社會的反映物」觀點，將無法知道家庭是否增強了性別歧視的程度？女性如何看待自己在家庭的角色？女性在家庭中是否沒有個人的隱私權？這些是以往社會學鮮少探討的問題。

何況，家庭至今也演變出新的型態，從傳統三代同堂的大家庭到核心家庭，到現在的雙薪家庭、頂客族、同性戀家庭等，以後還會演變出哪一種家庭型態誰也不能預知。因此當代學者建議觀察不同的家庭應以不同的理解角度，就像後現代理論者常說的「多元化」、「去中心化」的概念，當代家庭制度已經沒有固定模式，詮釋方式也不應該墨守固定僵化的標準。

血緣關係＝家庭

血親家庭

男性主義社會學家庭觀

1. 男性收入為家庭收入。
2. 忽略女性在家中的生活經驗。
3. 視家庭為研究的整體。
4. 忽視婦女在家的勞動過程。
5. 傾向研究社會與家庭的關係。
6. 母性為天性。

感情基礎＝家戶

當代社會學（女性主義）家庭觀

1. 重視兩性在家庭的不平等待遇。
2. 婦女在家無償勞動是一種剝削。
3. 注重女性在家中的勞動經驗。
4. 以家戶觀念延伸家庭範圍。
5. 以家庭本身為對象來研究。
6. 母性並不是天性。

同居、不婚族

不同種族家庭

同性戀

單親家庭

教育

教育是透過一個人或團體將社會的價值觀、知識、技能、文化、文字等傳輸給人或團體的正式管道。現代化的社會，受教育被視為基本人權，教育應該是平等的制度，沒有階級、種族的差別，加上受教育的「優點」讓父母積極把小孩送到學校上課。然而教育是否「公平」，這是社會學積極關心的議題。

教育的社會整合目的

　　教育是國民義務，沒有人會反對政府設立教育機構，家長也不會反對孩童上學。只是，把教育制度放到整體文化脈絡下解讀，教育其實授與學生的是社會主流價值。例如：古羅馬的教育目標是培養軍事人才；中古歐洲是以基督信仰為目的；文藝復興時代則以藝術與人文為主要內容；台灣教育早年是反共思想等等，不同時代的主流價值常透過教育制度灌輸給學生，因此學生習得的內容常與統治者、優勢階級的思想有關。

　　此外，學校授與的不僅是課本上的知識，一天至少八小時的學校生活，行為上也必須受到約束，例如：穿制服、上下課時間、課堂秩序、權威服從和其他習慣等等，學校也給學生一套行為「控制」，以期待學生出了校門後在社會上表現的行為合乎社會秩序及規範。

　　不可否認地，教育程度、類別與未來職業高低有關，文憑愈低的人所從事的技術層面就愈低，薪資相對也較低；而受高等教育的人，則是領高薪的白領階級。雖然教育制度的初衷良善，但是史美舍卻指出，對大多數人來說，學校教育已經成為一種社會篩選器，決定學生將來可能從事的行業，重要的是此種篩選機制是否公平？例如：以分數高低來分類學生，讓成績好、有能力的學生獲得最大報酬，而無視於其階級、膚色、種族等影響個人是否平等享有社會資源的因素。

對教育制度的檢討

　　學校「school」一詞源自於希臘文字，意指「休閒或娛樂」，表示當時上學是少數有錢、有閒人的特權。受教育是否為特權，在台灣也是被討論的議題，如公、私立大學學費高低所引發教育資源分配不均，讓窮人家小孩無法接受教育。而學校應該教些什麼呢？一九七一年伊凡‧伊立曲寫了《沒有學校的社會》一書，他指出現在社會教育並沒有傳授認知發展、理性思考……等，反倒是教導物質價值、技術與主流價值，讓學生逐漸向一切按規則、典章做事，而不用大腦思考的技術官僚系統靠攏。

　　此外，伊凡‧伊立曲主張「隱藏課程」的教育方式，認為不應該有標準課程，學生在畢業後求職時，雇主也無法得知他的在學成績，而是以實力來決定是否被任用。

　　新馬克思論則認為教育是文化再生產制度。資本主義社會所需的技術、工作倫理、競爭等特性都在學校教育中不斷被強化，在學校爭成績高低與社會中爭誰賺的錢多雷同，公司中的紀律與上課時的規定一樣。再者，資本主義的教育制度讓階級更趨於兩極化：有錢子弟上貴族學校、出國唸書，窮人則無法補習、沒錢念大學，導致窮人後代沒有資源可翻身，而富人後代則永遠保持菁英位置。

強調「社會衝突」論點

1. 學校的校規雷同公司的制度
2. 學校爭分數雷同社會爭金錢
3. 受教權不平等、政府教育資源分配不均等

人呱呱墜地

上學去

學校教育

禮義廉恥

穿制服

守時

成績單

課本

強調「社會整合」論點

老師教導社會主流價值，例如：男生要保護女生、孝順父母、反共教育、分數評量是公平制度等

社會人

宗教

談及宗教，似乎是「信不信」的個人主觀問題，無神論或萬物有靈論都是來自於信徒們自我認知與評斷。然而宗教組織如何形成、其規範與價值觀、宗教對信眾日常生活的影響層面，以及宗教為何會一直存在於社會等等，才是宗教社會學關心的課題。

宗教的意義

紀登斯認為宗教是由包含敬畏與儀式的一組象徵，並且有一群人相信。具體而言，宗教構成的元素為：信仰者、神聖性、教義、儀式與規範。

宗教團體是由一群有共同信仰對象的信眾所構成的；教義則指一套信仰系統，透過此系統，日常生活事件被區分為世俗與神聖，例如：中邪是鬼神作怪、輪迴信仰所衍生的眾生皆平等的價值觀；其次是儀式，如果沒有儀式過程，宗教上的神蹟跟魔術沒兩樣，宗教儀式加強了神聖性，透過儀式的「加持」讓水變成聖水，信眾也因參與儀式，更相信該宗教；最後，規範是宗教團體對其信眾行為與思想的約束，例如：十誡、齋戒、六根清靜等。

宗教是社會的潤滑劑

對於有宗教信仰的人來說，遇到科學無法解釋的事件，求助於宗教似乎合乎常理。理由很簡單，因為宗教提供了「為何是我？」的答案。持功能論的社會學者相信宗教帶給受苦難的人們希望，讓窮人能忍受貧窮，認為這是上天的考驗。雖說宗教滿足了心理需求，它也對社會整合相當有貢獻。

涂爾幹指出宗教是社會集體的「創作」，因為要人們信仰「社會」有超越自己的力量並不容易，人們只好創立宗教，經過儀式化過程，深化信仰。史美舍認為涂爾幹的宗教觀點可視為一種循環，首先是社會把人類經驗組織起來，後來人們擴張並集結此經驗變成了宗教，最後經由儀式過程與控制宗教團體，強化社會整合，例如：天主教的反墮胎教義與兩性不平等的關連。

總之，功能論的宗教觀是：宗教被視為社會的潤滑劑，用以減少因階級不平等而來的衝突，並且提供面對生活危機時的答案，讓社會能持續運作而不至於瓦解。

宗教掩飾人心的不滿

一般認為正派宗教的教義總是教人為善，不要人為惡。但是在衝突論的觀點，宗教其實潛藏了剝削的因子。他們認為宗教維持了社會強權的地位，讓低

下階層的人們安於現狀。

　　馬克思曾說宗教是冷酷世界中的悲憐，宗教信仰讓低下階層的人們喪失對社會不平等的不滿，把現實中受到的不公道寄託在來世，而非現世的報酬，尤其是勞工階級，雖然受到資本家剝削或迫害亦「樂天知命」，相信這是上天的安排，是現實生活的考驗。宗教讓他們失去了反抗能力，在不確定的事件中給予他們安慰，宗教成為一個逃避殘忍現實的避風港。

　　換句話說，宗教為資本家的統治工具，用來掩藏階級制度的不公平現象，因此資本家樂於宗教存在，有了宗教這層糖衣勞工就不知道真實的處境，因此馬克思說：「宗教是人民的鴉片」用來麻醉大眾。

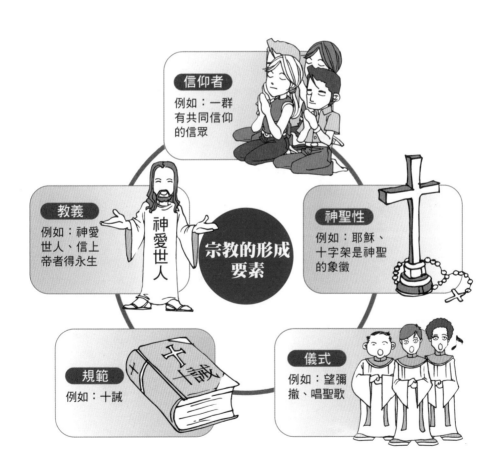

信仰者
例如：一群
有共同信仰
的信眾

教義
例如：神愛
世人、信上
帝者得永生

神愛世人

宗教的形成
要素

神聖性
例如：耶穌、
十字架是神聖
的象徵

規範
例如：十誡

十誡

儀式
例如：望彌
撒、唱聖歌

社會學如何看
經濟制度？

經濟制度，一般認為是民生（金錢）問題，而且與日常生活密不可分，例如柴、米、油、鹽、醬、醋、茶，樣樣都需要「錢」。不過，社會學探究的經濟制度，不僅是看到「錢」的問題，更多的討論是何謂經濟制度？不同的經濟制度所造成的社會、文化的影響為何？其中，社會學對資本主義的經濟制度的批判火力最強，本篇整理出社會學不同派別的主要論點，激起讀者對經濟制度的社會學想像。

學習重點

★ 資本主義經濟制度的元素有哪些？

★ 經濟制度的功能為何？

★ 宗教與資本主義興起的有什麼關係？

★ 為什麼馬克思反對資本主義經濟制度？

★ 從麥當勞看經濟全球化現象

★ 經濟制度如何影響休閒活動？

★ 什麼是規範性休閒與反文化休閒？

為什麼需要經濟制度？

論及經濟，許多人直覺反應這是經濟學的領域，社會學為何「介入」經濟學？其實，經濟學探討的所得與貨品分配、供需問題，社會學同樣也關心，只是「介入」的角度不同，例如：因分配造成的階層化現象、勞動的疏離問題，甚至經濟全球化對社會文化變遷的影響等社會現象，都是社會學所關心的議題。

經濟制度的元素

私有財產概念的興起，間接產生了資本主義的經濟制度。私有化首先要解決分配問題，契約是資本主義運作的基本方式，由雙方共同承諾，提供合作可能性，使得經濟上的交換活動得以進行。

「交換」是經濟制度普遍存在的法則，人們透過勞務（工作）交換金錢（報酬），再用金錢交換所需的物品和服務，如果沒有交換行為，經濟活動將停止。進行交換的地點稱為「市場」，市場可以是有形的地方，例如：集會、夜市等，也可以是無形的地點，像是網路拍賣、股市交易平台的溝通系統，藉由雙方買賣過程使得經濟制度得以存續。

促進生產與消費活動

有了基本財貨和所得，接下來需要更多的生產，使得財貨與服務的供給源源不絕。因此，社會學認為經濟制度要趨向穩定，必須維持社會持續生產的意願，而報酬與財貨的分配是主要的趨力。

除了生產外，消費也是經濟制度的功能之一，一旦商品被生產與分配之後，都必須要被消費（耗損），如果只有生產而沒有消費，商品便無法流通，社會成員就無法獲致報酬。

經濟制度的潛在功能

此外，經濟制度也具備潛在功能。首先，經濟制度創造並維持了階層差異，因為財貨、所得與分配的不均等，而創造了資本家與勞工兩大階級，近代社會則產生了藍領、白領與工人等階級的區分。第二，炫耀性消費文化的產生。經濟制度的發達造就許多有閒階級，購買奢華產品以凸顯自身的身分，並廣為參與非功利活動與非生產性活動，例如生活優渥的貴婦人以下午茶活動，來炫耀她們不需要工作的「貴氣」。

最後，經濟制度將影響政治變遷。為了有效率地獲取經濟資源，因經濟制度產生的不同階級將會各自團結一起，參與政治組織、分享權力，透過政治的

力量，以期在經濟系統中獲得較多的利益。

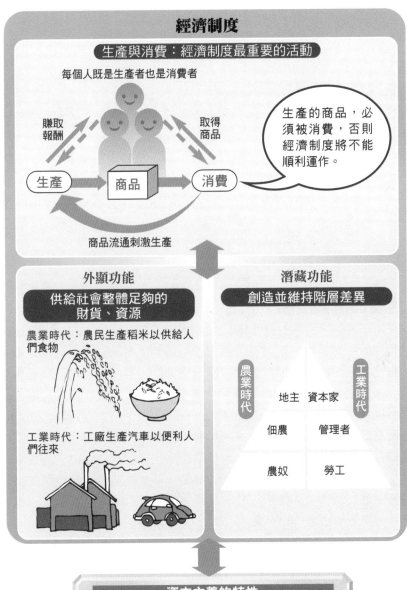

經濟制度

生產與消費：經濟制度最重要的活動

每個人既是生產者也是消費者

賺取報酬

取得商品

生產　商品　消費

生產的商品，必須被消費，否則經濟制度將不能順利運作。

商品流通刺激生產

外顯功能

供給社會整體足夠的財貨、資源

農業時代：農民生產稻米以供給人們食物

工業時代：工廠生產汽車以便利人們往來

潛藏功能

創造並維持階層差異

農業時代　　工業時代

地主　資本家

佃農　管理者

農奴　勞工

資本主義的特性

◆ 私有財產：財產獨自擁有。
◆ 交換：包含以物易物、以金錢換取商品，甚至以金錢換取金錢的交換活動。

理性、宗教與資本主義的興起

宗教與資本主義有關嗎？答案很模糊，也很清楚。模糊是因為宗教並不是導致資本主義發展的唯一因素，卻是其催化劑。這是韋伯在所著的《基督新教倫理與資本主義精神》強調的重點。想要了解這兩者的關係，就必需先了解韋伯對「資本主義」的觀點。

理性是資本主義運作核心

理性是韋伯理論的重心，他對「資本主義是利用各種手段來導致利潤最大化的經濟活動」的說法存疑，如果答案是肯定的，那麼歷史上許多經濟活動最後應該會演變為「資本主義」，但事實卻不然。韋伯認為資本主義的運作核心機制是「理性」。在理性的經濟活動中，任何的資源分配都是可計算性的，要獲得利潤，資本家必須控管生產的每一個環節以降低成本、獲取利潤。做法就是使得每一步驟都能「量化」，並可以算計。

喀爾文教派導引出資本主義

韋伯認為光是社會上對利潤、利益的貪念與刺激，並無法導致資本主義發生，還需要道德體系的支撐。十七世紀在宗教改革後所出現的喀爾文教派，其教會倫理剛好將追求利潤的價值普遍化到每一個成員的心中。

喀爾文教派的教義主張只有少數人才能得到上帝的恩寵，此種「恩寵預定制度」是指：人類已經被預選是受救贖或受罰的一群。但是教徒們並不知道自己是否已被預選為受救贖的人，為了減低不確定感，喀爾文教派發展出一個觀念，將俗世的成就視為是蒙主恩寵的象徵，並且是預選為被救贖對象的證明。

透過這種方式，俗世的成就本身具有了宗教性，也代表了救贖，而規律性勞動是邁向俗世成功的最佳途徑。因此喀爾文教派的教義鼓勵人們要辛勤工作與生產；再者要禁慾、反對鋪張浪費的活動、不鼓勵消費，使得個人財富能不斷再投資。然而最後這些經濟活動卻反過來主導教派的發展，造就資本主義進展的溫床，這是無法預設的「果」。

我是不是已經
獲得救贖？

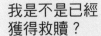

只要你辛勤的工作，
不要浪費，不鋪張，
堅持禁慾主義，剩下
的我會決定。

因此，信徒們為了得到救贖：
1. 辛勤的工作
➡ 獲致成功的工作倫理
2. 不浪費、不鼓勵消費
➡ 資本累積與投資

催化

資本主義

資本經濟造成異化

資本主義經濟制度最大的問題在於「人性的異化」。「Alienation」一詞，社會心理學稱為「疏離感」，例如：情感疏離、人際疏離或社會疏離等，而在社會學上則稱為「異化」。馬克思是對於異化著墨最多的社會學者，他致力於分析資本主義結構中所產生的異化現象。

什麼是異化？

說明異化之前，需要理解馬克思對人性的看法，他認為人性要在無壓力的社會環境下才能發揮潛能，如同他提供共產社會的想像：人們在這裡可以早上捕魚、下午去工廠工作，晚間回家讀書。人們在此「自由自在」的勞動過程中實現人性的本質，例如藝術家能掌握其勞動過程（如此做的意念與執行）和結果（作品），向他人展示完整的創作。

但是資本主義社會下分工化、專門化的職業，打破了這樣的理想，人不可能隨著個人興趣從事各種勞動活動。馬克思認為，在資本主義的經濟體制下，工人以自己勞動生產的商品卻被資本家所佔有，而工人得到的是一筆薪水，再用薪水來買自己生產的商品，例如：成衣廠的工人們一天之內可以生產一百件衣服，而衣服賣出的所得卻由老闆獨享並分配，他只要付出其中的一半就足以支付工人的薪資，勞工們再用薪水買自己生產的衣服。使得人的勞動及其勞動的產品都不屬於自己，並且與自我對立，這就是馬克思指稱的「異化」一意指「違背人性」。

分工使得異化更嚴重

細緻化、專門化的分工使得異化現象愈來愈嚴重。看似每一個勞工都是資本主義這個大齒輪中的小齒輪，缺少一個小齒輪整個大齒輪就無法運作，但是弔詭的是小齒輪不斷地努力工作，直到被磨平、耗損了，最後換新的小齒輪，大齒輪依然正常作用，就像麥當勞員工可隨時被換掉，新員工可以馬上上手工作。這就是資本主義職業專門化、精緻化後所衍生的問題：勞工沒有獨特性，隨時可以被解僱，換新人來做。

資本主義經濟制度下，每個人都只從事枝節的工作，對於個人來說，「手」與「腦」之間的自然關係逐漸疏離。原本腦袋想什麼，透過雙手去完成，但在分工體系下，「腦袋」被管理階層、研發部門接管，底層勞工階層只能擁有「手」來生產，工人像是機器一樣，聽別人的腦袋做事。為了大量生產，從早到晚有一萬雙手、一萬顆腦袋一同做事，人的創造力、人性的潛力因

烏托邦的社會想像 　　資本主義的社會

個人依自己的興趣決定要做什麼事

例 想做一件衣服給自己

工人不是依照自己的喜好來生產商品

例 成衣廠內的工人被規定一天要生產一百件衣服

生產的商品為自己所有

例 將做好的衣服穿在自己身上

生產的商品屬於資本家，以換取報酬

例 生產的衣服屬於老闆，工人只能領取微薄的薪水

個人以勞動表達創意及獲得滿足

例 向他人展示服裝，並解釋自己創作過程及理念

工人必須付錢去買自己生產的商品

例 工人付錢去買所生產的衣服

人要在無壓迫的環境下才能發揮潛能

分工化、專門化的資本主義經濟制度下，使人的勞動受剝削、喪失創造性

被迫「手」、「腦」分開而喪失，使得人被異化了，人不再成為一個「人」，而是跟機器一樣。

異化的特性

對於馬克思來說，異化是資本主義普遍存在的現象，它存在於資本階級與勞動階級中，因為資本家只汲汲於累積財富，被金錢給控制了，忘記成為一個「人」的根本問題而剝削勞工。不過，馬克思對資產階級的著墨較少，比較同情勞工階級，他認為異化對勞工階級來說傷害最大。

在社會分工與利潤優先的社會，異化發生程度愈高，馬克思在《一八四四年經濟哲學手稿》中指出異化的特性。第一，人類與其勞動的異化，工作不再是為了自己，工作是外在需求，是為資本家工作，勞動不是自己本質的一部分。其次，工人與其生產產品的異化，工人所產出的商品不屬於工人而是資本家，並且工人要花錢買所生產的商品，反成為商品的附屬品。第三，人與人本性的異化，資本主義的勞動貶抑了工人的自由，使原先自願做事的勞動目的變成換取報酬的手段，為了獲取微薄的薪水，勞工的身體已經賣給了資本家。最後，人與人之間的異化，由於產品不屬於勞動者，人與人之間的關係等同為物與物之間交換的市場關係。

換言之，馬克思認為資本主義的勞動並不是工人本身所願，工人們也無法控制工作內容，進而變成市場機制中的產物，只是為了在社會生存而勞動。

社會主義才能消除異化？

以馬克思的分析來看，資本主義經濟結構的私有財產制、社會分工、商品流通等現象，都使得異化的程度愈趨嚴重，讓社會的時間與空間被片段化，例如：上班與休閒時間、公司與家庭、資本家與勞工階級等，被區分得愈是精緻分化，人性本質就愈無法發揮。例如：上班時不能做私人事情、不要把工作帶回家中、勞工不可能變成資本家等，使得人的勞動價值被剝削，創造力被限制。要徹底解決異化問題，馬克思認為唯有社會主義的來到，才能把人性潛能發揮出來，消除這種異化現象。

然而馬克思對資本主義的異化觀點，卻忽略了市民社會集體意識的展現，其力量往往能夠動搖威權政治制度進而影響勞動關係；此外，資本主義異化現象，何嘗不是把人類從傳統社會的束縛中解脫出來，使得言論更自由、可以結社，依據利益結盟以獲取、保護自己的權利。

馬克思的異化觀點

1. 勞工的勞動與人性分離

工人不是自願性的勞動，而是換取維持生活的薪資。

2. 勞工的勞動與產品分離

勞工並不知道所生產的產品為何？甚至要花錢購買自己生產的產品。

4. 人性本質的異化

身體已經被商品化，勞動變成獲取報酬的手段而不是目的。

3. 勞工之間關係的異化

工人出賣勞力，身體被科學化地管理，勞工彼此關係是緊張與競爭的。

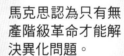

馬克思認為只有無產階級革命才能解決異化問題。

資本主義與社會主義的經濟制度

資本主義與社會主義的經濟制度是兩種全然不同的意識型態，前者是當代國家普遍運作的經濟體系，後者則已經逐漸沒落。不過資本主義國家往往參考社會主義修正其經濟制度，例如：以國家政策介入市場經濟補其不足，以朝向社會主義福利國家的道路。

資本主義經濟制度

以一般常識理解資本主義，不外乎是自由競爭、市場決定等概念，社會學家整理出資本主義幾個重要的觀念：

一、人性中的「自利」是運作經濟制度的原始力量，例如：亞當・史密斯的經濟理論。「自私成公益」是亞當・史密斯的主要論點，認為個人的自利是社會進步的基礎，人人在自由競爭的環境下就會遵循他們的自然傾向，自動會對物資、財貨做最合理的運用。

二、市場能自由運作，不需要政府調節。政府對市場的干預愈少愈好，僅在法律規定範圍內，其他就交給市場決定。亞當・史密斯指出，十八世紀時政府與商業的緊密結合，政府控制經濟體系被視為理所當然，但是在國際貿易風氣逐漸打開後，政府介入愈深反被視為經濟進步的障礙。

三、價格由市場決定，經濟制度隨生產與貿易公司間的競爭而調整。所有公司的產品都受到市場所左右，沒有一家公司能夠主導市場價格。

四、如果自由競爭對經濟市場有利，那就大膽地採用。

資本主義無法照顧全民福祉

簡而言之，資本主義是指基於私人財貨生產與交換的經濟系統，而要維持這套系統的運作，政府只能扮演「救火隊」的角色，不能積極介入。只不過資本主義發展至今，並無法解決因經濟系統運作不良產生的社會問題。

因此，放任自由經濟市場將無法照顧社會民眾的福祉，此時政府介入自由市場的程度為何，顯得相當重要。洛克認為政府是需要被統治者的同意而獲得合法性，只要被統治者同意，政府可以介入市場；另一自由主義學者佩恩也主張政府是必要之惡，以補自由經濟市場的缺憾，而當代經濟大師凱因斯認為市場要自動達到「均衡」是不太可能，只有依靠外來力量加以控制，即政府的干預管制，才能確保經濟活動得以有效率地運行。

雖然資本主義並不如馬克思認為，將因其內在矛盾而自取滅亡，但不可否

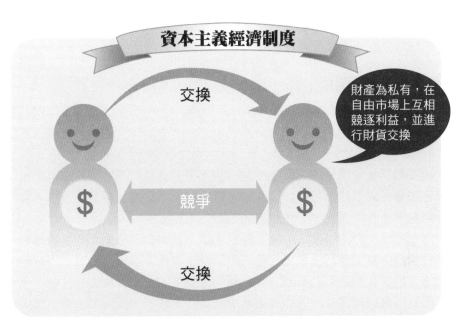

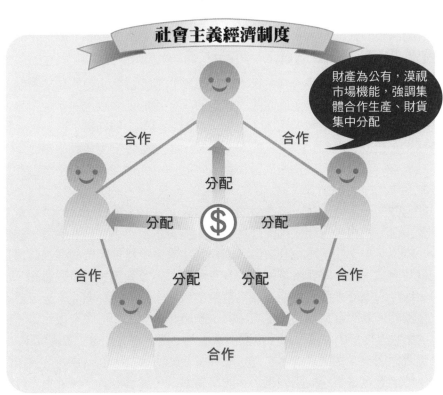

認的是資本主義經濟制度需要修正。如何兼顧經濟自由，又能維護社會全體的福祉，是當今國家的重要課題。

社會主義經濟制度

社會主義興起的背景，是在十九世紀工業革命中萌芽的資本主義所導致的經濟不平等下而產生。當時只有資本家或富人，才能享受資本主義帶來新經濟制度的福利，而廣大的勞工階級生活並無因此而改善。

這樣的結果，讓秉持自由經濟制度的人道主義者，原本想藉由自由市場來造就全民福祉的夢想全然破滅。社會主義論者因而主張，既然資本主義的自由市場無法獲致全體福祉，社會主義應該是解決之道。

社會主義的經濟制度，是根基於對生活方式與物品分配上的集體擁有，例如公社組織。歐文認為公社是教導人們以合作取代競爭，如果將環境重建，就能改造人性，此觀念引起美國、蘇格蘭等地民眾的迴響。法國的社會主義者傅立葉成立「共產村莊」，更加詳細地規劃公社的經營，試圖把浪費、無效率與不平等一掃而空。但是後來公社的理想被視為「烏托邦的想像」，只是藉由公社來逃避工業社會的問題，並無法解決現實的問題。

社會革命來自階級意識

為了實踐社會主義烏托邦，馬克思提出階級意識論述，他認為經濟制度是社會的核心，就如同人必須先吃飽、喝足後，才可能追求政治、宗教與科學等制度。因此馬克思把宗教、法律、科學、政治等視為上層結構，而下層結構是經濟活動，位於其間的正是廣大的勞工階級，也是社會發生變動的基礎；因為上層結構中的資產階級與一些既得利益者，怎麼可能推翻一個合乎自己利益的經濟制度！

如何讓勞工階級成為一個有效的反動力量？就必須形成明確的階級意識，例如勞工清楚明白被老闆剝削而起身反抗；但資本家也不是省油的燈，聯合政府以「施以小惠」的勞工福利政策，或是資本家把不給加班費的理由辯稱是責任制等方式，來掩飾勞工被剝削的真實面貌。對此，馬克思是樂觀的，他認為勞工所受的傷害愈多，例如：貧富差距愈來愈大、失業率愈高、勞工買不起自己生產的商品等社會問題發生時，勞工階級將會覺醒而形成階級意識，揭穿資本家與政府偽善的面具，起而推翻資本主義制度，建立社會主義國度。

馬克思進一步指出「資本主義是社會主義的溫床」。因為資本主義運作的結果，將使社會階級趨向兩極化，造成富者愈富，貧者愈貧，讓社會階級間的矛盾與衝突逐漸升高，而這將是產生革命意識的溫床，促使社會主義興起。

資本主義與社會主義經濟制度的不同

比較項目	資本主義	社會主義
主要概念	財貨、資源來自於個體所有，以利進行交換。	財貨與資源為公眾所共同持有。
代表學者	亞當·史密斯、凱因斯	馬克思、恩格斯
財產觀念	私有制	集體擁有
社會觀念	競爭	合作
政府角色	少干預市場	政府功能萎縮
交換機制	供需、自由市場	沒有限制何種交易模式
領導階層	政府、國家	無產階級
引發危機	失業問題、貧窮問題、環保問題、反全球化等不平等現象。	社會普遍貧窮，民生問題無法解決，社會主義國家已經沒落。
未來發展	1. 朝向福利國家 2. 跨國企業的擴張 3. 政府角色的修正	馬克思認為的無產階級革命並未到來。

為彌補資本主義強調經濟自由所產生的社會問題，而提出的社會主義經濟制度，卻發生了生產力低落、國民普遍生活貧窮的窘境，目前全世界已不存在完全實行社會主義的國家了。

全球化企業──麥當勞現象

「全球化」是當代社會思潮的主流。全球化，意指國家經濟被納入全球經濟體系之中，例如：歐盟、WTO等經貿體系。社會學討論全球化的影響，範圍很廣，包含了文化、經濟、政治等各層面。重點是全球化並不是自然演進的結果，而是人為的推動。

社會的麥當勞化

葛雷芬多認為，全球化是為了挽救七〇年代的經濟危機而採取的自由市場策略，以確保跨國資本家保有既得利益；另外有學者認為全球化的目的是讓經濟資本與資源在全世界有最優勢的分配過程。

麥當勞即是全球化的最佳指標，無論我們在台灣、日本、韓國等世界各地都可以吃到同樣的漢堡，「同一性」即是全球化的特徵之一。不過，麥當勞影響所及不只是在經濟層面，甚至整體社會也被「麥當勞化」。雷瑟在《社會的麥當勞化》一書中指出，麥當勞能夠席捲全世界，來自於人類對理性化的「崇拜」。

雷瑟指出麥當勞讓速食餐廳成為一種新飲食文化的象徵，關鍵是建立起消費者、員工與管理階層三者之間，接受麥當勞式的效率、可計算性、可預測性與非人性科技的控制。例如：講求效率讓人們點餐時可快速移動以解決飢餓問題；麥當勞速食也滿足了消費者心理─快速的送餐服務；消費者也會計算在速食店吃飯比在家準備飯菜的時間要縮短許多，而前往用餐。當然，為了達到「速食」目的，員工被要求以最快速度完成工作，而管理階層也提供一套標準化「工作守則」，務使顧客在台灣的每一家麥當勞都能吃到一樣的滿福堡，並確保員工的工作與服務是統一無誤的。

麥當勞化的反省

雷瑟沿用韋伯的「形式理性」來支持「社會的麥當勞化」的論述。韋伯曾說理性化是人類社會的鐵牢，意指講求效率的科層制度會朝向更理性的發展，而人們對理性的深信卻反過來支配人類社會。

或許是物極必反的道理，理性化過程也出現非理性現象，強調經營效率、步調快速的麥當勞速食店，在台灣成為青少年社交的聚集場所，一點都「不速食」；消費者也「被迫」做了許多無償工作，例如：自己端餐盤找位子、清理桌面等等，其實不是「麥當勞都是為你」，而是「我們都為麥當勞」。

此外，麥當勞的管理制度是去人性化、生產線式的製作過程，員工只要

「按表操課」重複幾樣簡單的工作即可，讓速食界能夠輕鬆找到工讀生，因此每一個職缺都能有效、快速地找到新人，並馬上上手工作，如果有一天機器能做出漢堡，自然就不需要員工了。速食文化也對生態環境造成破壞，例如為了因應速食店熱門商品：薯條的需求量，農民必須廣施農藥、化學藥劑來生產馬鈴薯，反而對土地造成傷害。

效率

以最佳的方式達成目標。如「得來速」點餐服務，讓客人不必下車也能點餐。

可計算性

每一個製作漢堡的動作，都可以量化，在規定的時間內完成。

社會的麥當勞化

猶如理性化的鐵牢

可預測性

在麥當勞裡，員工的「歡迎詞」、「點餐步驟」都在預料之中；「餐點內容」也在顧客的掌握中。

非人性管理

依據麥當勞工作守則工作，不需要廚師也能做出漢堡，而且薯條可油溫控制，可樂會自動倒滿，收銀機有制式按鍵，不怕按錯價格。

非理性
化現象

1. 麥當勞成為青少年社交場合。
2. 麥當勞速食文化，產生環保、生態問題。
3. 員工可替代性高，流動率高。
4. 餐點變化性少。

休閒生活來臨

隨著人們對於休閒愈來愈重視，休閒活動也是一種經濟制度，被視為一種文化商品可供販賣。不僅如此，社會學更關心的是休閒對社會各層面的影響，尤其是文化層面，例如：工作價值的改變，消費文化的興起、休閒理性化等議題，都是當代休閒社會學致力探討的課題。

什麼是休閒？

誠如前章節所提，經濟制度並非只有「工作」和「錢」的問題，還有一些看似非經濟面的活動，例如休閒活動，也是讓資本主義經濟制度順利運作的關鍵。「休息是為了走更長遠的路」此句話正是告訴勞工們明天要繼續打拚，再生產更多的產品。

不過，休閒並不是二十一世紀的新發現，從遠古至今一直存在，而且是很重要的角色。在古代，休閒對社會的意義具備了塑造社會道德的功能，甚至是富人的專利。然而在今日社會，休閒的普遍化，讓社會學對休閒的定義更為多元分歧，不過依然可以歸納出幾個原則。

◆休閒為社會剩餘部分（客觀條件）：

休閒常被視為非義務、不具責任或壓力下所從事的活動，例如在工作或類似工作之外所從事的活動，因此被稱為「餘暇」。最常使用的定義為「自由時間」，或者是說，休閒是卸下責任後所進行的活動。

◆休閒為一種心理狀態（主觀認知）：

我們也可以從主觀感受來界定休閒，例如：自由感、內在動機、愉悅感或滿足感等等。也就是說，休閒不一定是從事非工作時的活動，而是任何活動都可能被界定為休閒，其關鍵就在於個人覺得此活動是不是休閒。例如一些社會學研究中，飆車手本身會認定飆車是項休閒活動，因為飆車者覺得駕車當時頗有愉悅感，也有自由感，何嘗不是享受自由操控的樂趣。

規範性休閒與反文化休閒

除了以上對休閒的客觀條件與主觀認知外，社會學對於「休閒應該是什麼」，有著更清楚的定義：

◆規範性休閒：

休閒最初在希臘文的意思是schole，即是英文的school，是一種靈性的教化過程。亞里斯多德認為休閒是一種行動，以提昇自我實現與促進良好生活為目的，也就是說，休閒不能夠違反社會道德與秩序。

休閒的意義

客觀條件

休閒是工作之餘，因此被稱為「餘暇」，即下班後的「自由時間」。

例 週休二日

主觀認知

休閒只關乎個體的主觀認定，無關於所處的時間與空間。

例 工作不忘娛樂

特色
定義清楚。

缺點
忽略非正常上下班的工作群族，如：家庭主婦、自營工作者（SOHO族）。

特色
沒有時空限制。

缺點
忽略社會規範因素，如：飆車、吸毒是否為一種休閒活動。

另一方面，從權力結構的論點來看，所謂規範休閒的意義是：休閒是被允許下的活動或是心理經驗，它不全然是自己想做而做的事，因為在社會權力運作下，個人所謂的自由感都是被規範下的行為或想法，例如：學校、家庭等等社會化機構，藉由它們的教化讓個人思想行為合乎規範常理，而休閒也不例外地成為規訓機制的策略之一。因此，飆車活動會被認為是一種偏差行為，即說明了「不正當」的休閒活動則不被視為一種休閒。

◆反文化休閒：

既然有規範性休閒，當然存在另一個對立面：反文化休閒，或稱非功利休閒。這概念說明，休閒只是盡情享受自己想做的事，它可以發生在個人獨處時或群眾中，不再與社會進步、工作倫理等現代化的價值觀結合，一九六〇年代美國的嬉皮文化即是一例。

換句話說，「反文化休閒」比「規範性休閒」更為強調休閒經驗帶來的身體與感官的愉悅，這些感受源自於逃避或反抗主流社會價值而產生，如同費斯克所謂的「庶民愉悅」，認為庶民愉悅來自於對抗或逃避社會控制，最典型的例子就是青少年熱衷的搖滾樂、Disco以及「搖頭舞」，它象徵對正規文化規範的反抗與逃避。

休閒的產業化

休閒活動本是「自由自在」，才能與工作區分出來，然而，在經濟制度的理性化衝擊下，休閒似乎與工作愈來愈近，最明顯的例子就是休閒產業。

當休閒成為產業，便被經濟制度吸納，而為了在資本主義社會中取得優勢，各家旅遊業者無不以有效率的方式管控成本，並進行產品行銷。例如：「跟團」的套裝旅遊行程即是旅行社節省成本、累積利潤的方式；但對消費者而言，卻是得接受制式化景點的安排，並有旅遊時間的壓力，這樣的休閒規畫有時與上班情形差不多。

其實，不僅出國旅遊，任何的休閒活動依然受到「控制」，因為權力無所不在，任何形式的休閒行為或活動，都在「規範」中進行，例如：參加派對需要盛裝打扮，否則會被其他人投以異樣眼光，而一些高級餐廳則謝絕服裝不整的顧客進入消費，這些要求不是與上班時規定穿制服或正式服裝的道理是一樣的嗎？

不過以上都只是社會學對休閒的「呢喃之語」，如果回到主觀意識中，何謂休閒，其實只關乎個體本身的認知與定義。

社會學對休閒的定義

規範性

休閒應有助於自我提昇，且在社會道德、法律規範下進行。

 琴棋書畫

反文化性

休閒是盡情享受想做的事，以逃避或反抗主流社會價值。

例 搖滾樂

特色	缺點
有助於社會整合。	過度關注「主流休閒」而忽略「邊緣性」休閒活動。

特色	缺點
強調歡愉感的社會意義。	忽略反文化休閒活動也在種種權力結構下進行，依然受到某一種次文化規範的控制。

社會學如何看
國家政治制度？

當你出國旅行時，在填寫入境表格上會看到「國籍」
這一欄，你可能填上「台灣」或「中華民國」，這兩個名
稱通常都可行，代表你是中華民國（台灣）的屬民。然而
你為何屬於中華民國呢？你效忠這個國家嗎？在國家與人
民之間「有點黏又不能太黏」的關係中，國家與人民所扮
演的角色應是如何？這些問題的答案，從社會學對國家政
治制度的討論上，應該能得到一些啟發。

學習重點

★ 權力、武力、權威有何不同？

★ 民主政治有什麼特質？

★ 政治的菁英主義與多元主義有何不同？

★ 國家與人民的和諧關係

★ 國家與人民的緊張關係

★ 政治制度有哪些類型？

政治就是爭奪權力？

人民組成國家，並組織政府來替人民做事，從出生報戶口、結婚註冊、投票選總統、抓搶匪等，都有一群在政府機構工作的公僕幫我們處理這些問題，然而為何政府能夠做這些事情？因為他們有「權」，而這正是人民所賦予的權力。 社會學指出在探討政治時，權力如何運作是其中重要的主題。

什麼是權力？

「政治乃是管理眾人之事」是孫文在《三民主義》中提到關於政治的看法。其中所謂的「管理」牽涉到如何管理、掌握人民的行動等，則是與政治運作的核心概念「權力」息息相關。

權力是一種力量，可以強制他人實現自己意志，例如父親能叫小孩去買他要的香菸，即是一種權力意志的展現。在政治社會學上，權力通常是指對決策過程有直接影響力的能力，例如會議中的意見領袖常能左右最後的決策。而在政治組織中，常見爭權奪利的現象，就是為了獲得權力以施展抱負。

權力的表現—武力與權威

為了管理龐雜的國家政府組織，便需要建立起具有控制力或影響力的機制，其具體的表現為「武力」與「權威」。武力是最直接的權力展現，利用威脅或暴力的方式強迫對方服從，例如「槍桿子出政權」就是使用武裝暴動來獲取國家領導權。

權威則是被認可的權力展現，常伴隨「職位」而得，與個人特質較無關係，例如總統是憲法賦予的位置，人們同意總統可以統禦國家。換言之，權威具有合法性與正當性，讓社會人民自願被管理，並服從於政府官員的權力，因為人民相信官員是代表人們來管理國家。

合法性危機的產生

國家的政府官員必須取得合法性與正當性的權威，使人民願意服從；相反地，當人民開始質疑權威的正當性與合法性時，國家統治權便會動搖，例如總統不依據憲法行使職權時，人民會開始質疑總統的權力，哈伯瑪斯稱之為「合法性危機」。

哈伯瑪斯進一步指出，當國家無法找到適當的策略去整合、解決或管制互相衝突的利益時，人民可能會發出抗議之聲，或者以社會運動的方式對抗政府。政府如果一直沒回應，它就會在人民的心中失去合法性，其存在的正當性

同時變得模糊不清。例如，當政府無法解決與資本家過從甚密的關係，便可能失去人民的向心力，最後使政府陷入合法性危機。

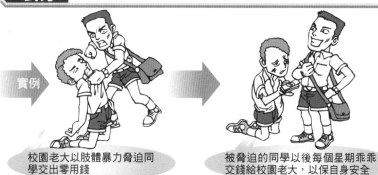

武力 武力是以暴力方式，讓對方順從己意。

實例

校園老大以肢體暴力脅迫同學交出零用錢

被脅迫的同學以後每個星期乖乖交錢給校園老大，以保自身安全

權力 權力來自於個人，是一種讓對方不得不服從的力量。

實例

董事長可命令總經理做事，領導公司

退休後董事長的權力依然存在，可影響公司的營運決策

權威 權威來自職位所賦予的職責，個人意志無法為所欲為。

實例

老師可以在課堂上要求學生維持教室整潔

老師不能要求學生幫忙打掃自己家裡

什麼是民主？

要解決合法性危機，西方國家的民主制度主張擴大人民的參與層面，建立一個溝通無障礙的環境，讓所有人能在此形成輿論壓力監督政府組織，以降低政府陷入合法性危機的機率。

檢驗民主的三項指標

什麼是民主呢？從字源來看，民主「democracy」一詞來自於希臘文字「demokratia」，由「demos-」（意指人民）與「kratos-」（意指規則）兩字組成。因此「民主」的意義包含了人民與規則，也就是說，民主的政治制度不專屬於貴族或國王，而是廣大的人民。

不過，民主政治的複雜性遠超過了此意，黑爾德進一步指出「民主」還包含：人民、規則與界定規則等三個範疇，並具體提出這三項特質的基本問題。

1.人民：誰是人民？是白人、黑人還是女人，他們能參與哪一種政治制度？哪一種政治制度有利於他們的參與？

2.規則的範圍：政府制定規則是全面地進入生活？還是只侷限於政府行政組織或重要政策的決定過程？

3.界定規則：人民必須遵守規則嗎？人們可以有異議嗎？當人們有異議時能在法律外批評嗎？政府可以高壓統治方式處置異議份子嗎？

這些問題很難有標準的答案，因為在不同的社會國家、不同的階段，會有著不同的界定方式，例如對「規則範圍」的界定，有些國家的法律只侷限在政治領域，有些則是涵蓋生活領域，像是政府是否應該立法防止家庭暴力，在不同的國家就有不同的答案。而對於能參與民主運作的「人民」，在不同的時空環境下界定也不同，例如：婦女遠比男性晚了許久才開始參與政治；黑人行使投票權也比白人晚了幾百年。

黑爾德對民主議題的提問，可視為檢視一個國家是否為民主社會的基本指標。當人民參與政治的程度愈低、法律規定限制人民的生活愈多、不容許異議聲音時，我們會稱之為「不民主」。

民主制度的種類

再者，民主制度可分為「直接民主」與「代議民主」。代議民主就如我國現存的民主型態，決策並不是整體成員決定而是由一組（群）被選出來的團體來決定。代議民主又可分為「多黨政治」與「一黨獨大」兩種，前者即是國家

政策由兩個以上的政黨共同決定，例如美國、台灣等；而一黨獨大就像是中國的共產黨與早年台灣的國民黨，政策是由一黨所主導，其他的政黨沒有足夠的政治權力可以相抗衡。相對於代議民主，直接民主是民主政治的原型，意指將國家政策的決定權交給人民全體透過公民投票決定，而不需要透過代議士，但是直接民主的形式並不適合人數眾多的國家。

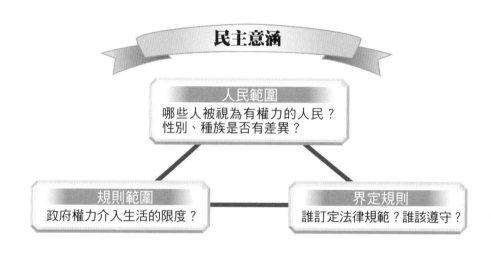

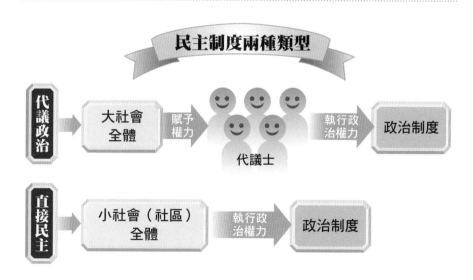

菁英主義與多元主義的民主制度

現代國家政治的決策過程，到底採用哪一種民主形式為佳？是要實施全民做主的直接民主，或是以菁英組成的代議士來決定，還是以多元權力制度來執行、決定政府決策？回答這些問題，沒有標準答案，只能在政治社會學對權力結構的分析中，找出一些概念提供參考。

由菁英代表人民管理國家

「菁英主義」是代議民主的理論基礎之一，韋伯認為直接民主在大型社會中是不可能實現的，因為多數的人民無法經常性地聚集一起參與制定政策，只能派出少數代表參與政治決策；加上管理複雜的社會需要有專業的知識，所以這群代表往往是學有專精的專家，人民將權力交給這群人，請他們來管理國家。

即使在小型組織裡，專家的角色也不能缺乏，例如小規模的公司也需要董事長、總經理等高層經理人來決定公司的重要決策，韋伯曾引用科層制度理論來說明政府權力的特質：國家機關是一個龐大的官僚體制，由具有專長的公務人員所組成。

同理，若擴大層面來看國家的民主發展，韋伯認為如果沒有一個英明的領袖帶領，民主政治的運作將會落入官僚或政黨領袖全然掌握的危機中。韋伯將這個英明的領袖特質稱為「魅力權威」（即卡理司瑪權威），他甚至期待此類領袖出現，才能突破科層制度的鐵牢。

英明領導可改善無效率的官僚制度

韋伯認為要有效地管理政府組織，官僚制度不可缺少，所謂「官僚」即是由一群學有專長的菁英組成。如果不以他們為領導團體，政府運作將會陷入癱瘓。但是，韋伯又擔心官僚制度會發生無效率現象，因此，他期待有一個英明領導者出現，改變此現象。

民主菁英論的危機

菁英主義的民主形式也有危機，這一群學有專精的菁英所組成的領導團體，主宰政治、經濟、商業、藝術與教育等各方面的資源，如果沒有其他團體互相制衡，這個領導團體可能會以自己的利益著想，而忽略大眾的權益。而且隨著社會分工愈來愈複雜，菁英們的決策責任更顯重大，面對龐雜事務經常應接不暇，導致決策的質與量大打折扣，大眾對於菁英決策的信賴感也隨之降低，人民開始不相信菁英能夠解決社會問題、制定政策。

菁英主義的民主制度

權力集中在
少數菁英

國會殿堂

弱勢團體
社會低層
勞工基層

遊說、
關說

菁英　菁英　菁英　菁英

對影響政策制
定不一定有效

推出政策

批評

1. 忽略大眾利益，只圖利少
   數利益團體
2. 菁英無法應付龐雜的社會
   事務，使決策品質下降

多元利益團體使權力平等

如何防止國家落入菁英獨裁的政治制度,「多元主義」的觀點可提供新思維的方向。多元主義認為,不同的政治團體與社會團體各有不一樣的利益,每一個團體都積極想要為自己爭取更多利益,為求得有利大家的普遍利益,必須透過民主程序來協商。

協商是一種權力(實力)展現的過程,在某個議題上具有較大權力的團體,就能獲得較多的利益,但是也不能完全否定其他團體的意見,因為其他團體或許在別的議題上擁有比自己更大的權力,下次彼此還是有合作的機會。

多元主義與功能論的觀念雷同,功能論的代表帕森斯認為權力應該是可以分散與分享,因為權力的來源是多元的。一個多元民主的社會,無法只依靠個人或單一團體來決定所有的公眾事務,不同的利益團體都能夠發揮影響力,左右政策的決定,而愈是複雜分化的社會,利益團體的數量愈多。簡言之,在多元政治中,利益團體為了達到政治目的與爭取利益會互相競爭,當各利益團體都擁有相同力量時,權力便會平等,才能夠對等地談判、協商,取得對彼此利益最大的公約數。

對利益團體爭權的批評

不過多元主義所提出「利益團體彼此間的權力將會平等」的預設,被批判為是一種民主烏托邦。衝突論者就指出,擁有權力的人與沒有權力的人根本是對立的,因為權力運作是一個零合遊戲,有權力的人獲得好處之餘,就會犧牲弱勢團體,所以衝突是不可避免的。

尤其在資本主義社會,經濟團體的政治參與能力往往大於其他利益團體,例如財團比婦女團體的力量大,在政治的協商角力中,婦女、兒童的利益往往被犧牲。誠如馬克思主義者認為,國家政府被政治家與資本家所共同控制,政府是資產階級的工具,政府追求的是資本家們的利益,而非無產階級的利益。

關於利益團體的政治權力爭奪現象,新自由主義者海耶克進一步指出,政府最終成了被利益團體敲詐的慈善團體,政客也成為政治投機商,利用政府預算的支出與其他團體、個人進行私下交易,而不是代表大眾的普遍利益。

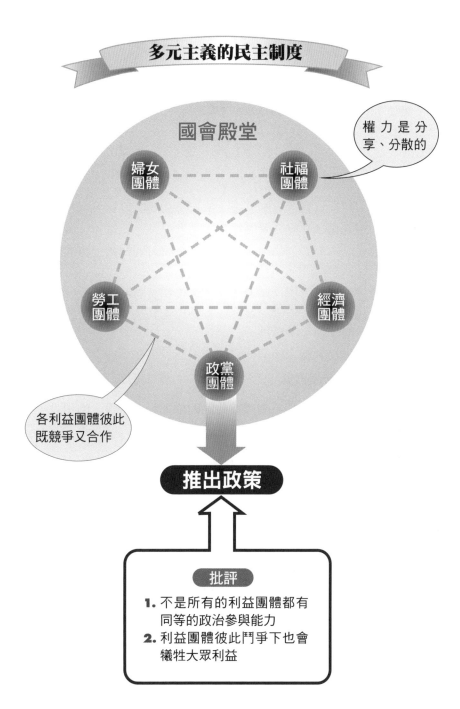

多元主義的民主制度

國會殿堂

權力是分享、分散的

婦女團體　社福團體

勞工團體　經濟團體

政黨團體

各利益團體彼此既競爭又合作

推出政策

批評

1. 不是所有的利益團體都有同等的政治參與能力
2. 利益團體彼此鬥爭下也會犧牲大眾利益

國家與人民的和諧關係

當今民主國家多已脫離以革命來推翻政府的時代，雖然國內人民依然對政府不滿，進而上街頭抗議、衝撞體制，但少有把某一個執政者趕下台，人民生活最終還是回歸平靜。誠如功能論認為，人民與國家的衝突是短暫的，政府當局終究能在衝突中修正其政策方向，以獲得人民的認同。

國家施展權力有其正當性

「國家機器」意指具有行政、軍事、治安等功能的組織，它是一個龐大的行政權威體系，透過它讓政府力量運作在市民社會上，並基於法律規定使國家機器能從市民社會獲取資源去創造具行政力、控制力的機構，讓國家機器順利運作。

馬克思認為資本主義的現代國家，為了保護私有財產並創造有利的生產環境，統治階級會建立警察、軍隊等系統以維護自身利益，並且將固有的生活方式與傳統價值明訂為法律，來規範人民的行為，使國家與人民處於穩定狀態。不過，馬克思指出這樣的穩定狀態是暫時的，當人民發現國家政府只圖利資本家，廣大勞工卻愈來愈窮時，國家與人民的對立衝突將達到最高點，國家機器權力的正當性也將面臨極大挑戰。

然而持功能論觀點的社會學者帕森斯卻認為，國家與人民的衝突對立只是短暫現象，長遠來看兩者應該會趨於和諧，其關鍵在於權力的運作並不一定會造成社會衝突。他指出權力是來自所有團體，權力的使用並不是只有少數人得利，像是維持社會治安是警察的權力，結果卻是讓所有的老百姓都獲得生活保障。因此，權力是具有正面意義的社會功能，讓使用者能夠達成社會目標的一種力量。

帕森斯也認為不同階層的權力分配上一定有所差異，這是因為所屬社會角色的賦予，使得有些人權力大，有些人權力小，這種現象並不是不平等而是一種必要的差異。例如，總統有權力指揮三軍，因為總統的職責必須維繫國家安全。

維持政治秩序的規範

問題是人們為何要服從統治者或官僚的意志？帕森斯認為社會任何角色都有其權利與義務，如果有人不服從將遭致處罰，以維護社會整合。當然強制性的處罰制度能促進社會整合，但對統治者來說，在價值觀的規範下，國家政府與民間社會兩者關係才會和諧，使得政治秩序能長久穩定發展。比如說，在

「公務員是人民的公僕」這樣價值觀的引導下，人民會覺得自己才是國家真正的主人，有權力換掉不適任的政府官員，因而心甘情願地接受現任官僚的領導。韋伯也提出，統治者與被統治者之間的關係，端靠武力是不夠的，最重要的是被統治者相信統治者的地位是合法的，且被統治者是受到保障的，而不是暴力控制，如此才能維持政治秩序的穩定。

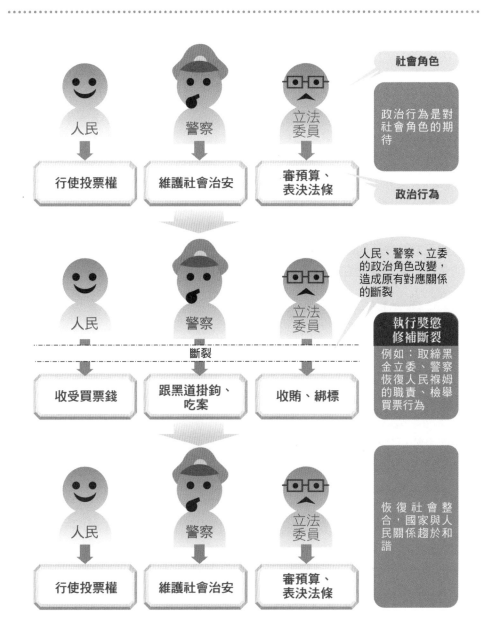

國家與人民的緊張關係

不同於功能論者認為國家與人民關係將會和諧，社會學家包曼指出兩者間的基本關係是緊張的。雖說人民是國家政府的主人，政府應該聽從人民的意見來行事；不過，政府的責任是要關照全民福祉，所以必須制定規範以維護社會秩序，因此領導階層需要提出一套論述來說服人民，以取得政府存在的正當性。

保護及壓迫的兩難

國家藉由法律的頒布，決定國民的權利與義務，比方說，人民有納稅義務以維持政府機關的行政能順利運作；當人民自身受到威脅時，則有權申請國家介入保護。

而權利與義務的關係，可說是國家與人民關係的具體表現，讓人民感受到保護之外同時也感到威脅。由於人民一方面希望一個強有力的政府處罰不法，才能享有安全的環境；另一方面又擔心國家權力會干預了私人生活，無法享受自由的權利。例如政府限制勞工罷工權，讓資本家順利推動生產線以累積資本；相對的，勞工自由也因而被縮減了，資方可以為所欲為地壓榨勞工。這樣的政策對資本家來說是賦予能力的保障，但對勞工來說卻是壓迫。也就是說，國家行動對某些人來說是一種自由的保障，但對另外一些人卻是壓迫，國家角色即在賦予權力與壓迫的兩難中求得平衡。

正當性使國民服從

回顧當代政治的發展進程裡，人民積極地想介入改變國家行動，期待能改善國家行動與個人權力的矛盾關係，於是開始要求「公民權」。所謂公民除了做為國家的國民之外，重要的是公民有資格影響國家行動。

但國民努力爭取公民權的過程並不容易，包曼認為其中存在兩個主要障礙：「國家監護情結」與「治療態度」。前者是國家認為國民是一群烏合之眾，並不知道什麼是最符合自己利益的決策，因此國民常會做出錯誤的決定，讓國家在後面善後。後者則指國家存在的目的便是制定行為規範以管制國民，如果不這樣做，國民將會自私自利，危害同胞的安全，使共同生活變成不可能。

包曼認為即使在最好的情形下，國家與國民的內在緊張關係仍不可避免，因此國家為了確保其國民能遵守行為紀律與規範，必須提出一套有利統治的論述，說服國民服從，即所謂的「正當性」。包曼認為正當性來自於「這是我故鄉，無論好壞」的價值觀。既然是我的故鄉，它的財富與力量，一定對我有

利無害，而它的財富與力量是靠大家合作打拚而來，因此我們只要「人人服從」、行動一致，家園一定更加強大就能「人人得益」。

人民對政治冷漠的原因

不過，並不是人人都想積極參與政治活動。隨著政治民主化，多黨政治制度的建立，國家決策過程愈趨透明化，加上社會分化的程度增加，國家的正當性議題逐漸被其他事件掩蓋或忽略，人民關心的是自己生活，反而對國家、政治的關心熱度隨之降低。中國社會學者鄭祥福指稱此現象為「政治異化」。

他分析發生政治異化的主要原因有三：第一，市場化的社會中，人民容易依據自己的才能找到適合的工作，把賺錢視為終身事業，對於政治反而感到冷漠，雖然經濟與政治有著密不可分的關係，但是這些財團並不是真的擁有政治權力。其次，個人距離國家權力核心太遠，無法發揮影響力，與其爭奪一官半職，不如在其他領域發展來得容易。第三，國家領導階層無法有效解決社會問題，官僚體系內的意見分歧、效率低下，讓人民失去信心，認定政府無能，終於失去對政治的興趣，做一個政治局外人。

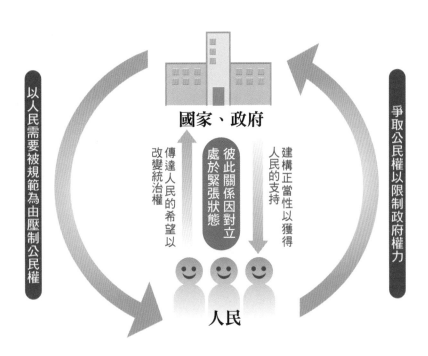

政府的類型

現今多數政府是採用民主政治制度來管理國家，以理性的方式處理人民的不滿。不過無法否認的是，現在仍然存在所謂的「非民主」國家，例如：第三世界、北韓、中國……等，因此只了解民主政府是不夠的，其他如：極權政府、威權政府、社會民主制政府也是經常被討論的政府類型。

極權政府

極權政府具有一黨獨大的特性，國家內的社會、經濟、文化與資訊結構都由政府及政黨控制，而統治階級為了鞏固政權常以暴力、武力來整肅異己，並且控制媒體、政黨全面滲透人民的生活之中，因此國民沒有表達自我意志的機會。再者，為了取得統治的正當性，極權政府把統治者神聖化，塑造人民必須效忠領袖的意識型態，希特勒的納粹德國即是一例。

威權政府

威權政府雖然也納入獨裁政府的範疇，不過與極權政府仍有些差異。威權政府被視為有限的多元政治體制，它允許某些特定的團體參與政治活動與權力分配，但這些社會團體的政治權力往往不是來自於人民的授權與支持，而是由統治者刻意拉攏所形成的「假」社會團體。這種假社會團體在台灣戒嚴時期最為明顯，當時雖然存在著反對黨，但這些反對黨並沒有實質上的政治權力。不過，威權政府只限制政治方面的活動，對非政治性的生活干預程度較低。

民主政府

民主政府則是當代國家主要的政治型態。在民主政治的體制下，人民有參與公共事務的基本權力，人民的參政權、言論自由、集會結社等權利都受到法律的保障，而民主政府也將人民與政府的權利、義務明白地規定在法律條文內，人民可以藉由選舉制度淘汰不符合大眾利益的統治團體，並且有反對黨與執政黨進行協調和競爭。因此，多黨政治與政權輪替是民主政治制度的一大特色。

社會民主制政府

相對於民主政治制度，社會民主制的政府亦建立在民主法治的基礎上，只是社會民主制度政府關心的範圍除了人民的基本權力之外，也關照了國民的社會權保障，例如：工作權、教育權等，這些社會權的貫徹需要政府積極的介入經濟市場才能達到，並增加社會福利的支出，讓人民享有健康保險、失業救濟、育兒服務、老人年金等社福政策。

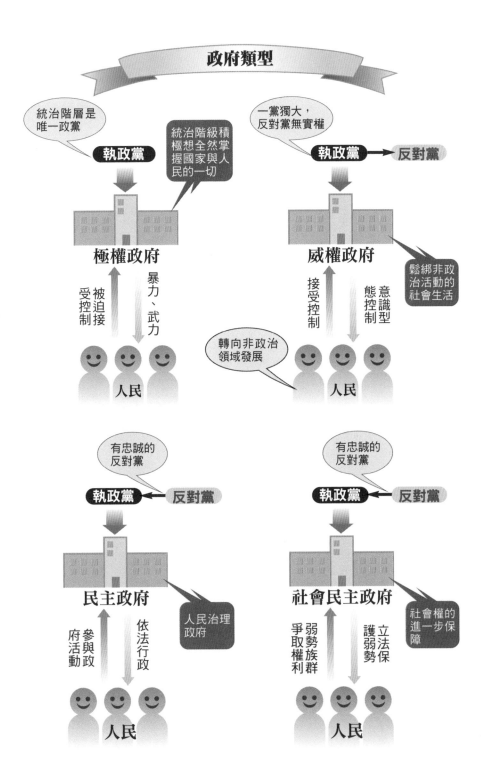

不平等、偏差行為與社會控制

　　人類社會與自然界最大的不同是，人類能夠意識到秩序，並且渴望生活在穩定發展的社會中，因此想盡一切辦法來控制人類的行為，防止混亂產生。只不過，社會控制的機制並不是完美的機器，難免有所疏漏，社會的脫序現象也就無法避免地發生。而為了修正這套社會控制的機器，我們訂立了更多的標準，但卻引發更多偏差行為的產生，對這看似弔詭的情形，社會學家有獨到的見解並加以分析與批判。

學習重點

★ 不平等是普遍現象嗎?

★ 社會學如何看偏差行為?

★ 男女關係為何不平等?

★ 為什麼有種族歧視?

★ 老了就不重要了嗎?

★ 愛情是不對等關係嗎?

★ 什麼是社會控制?

★ 權力是無所不在的嗎?

不平等的現實生活

現代民主國家，憲法上皆明文宣示法律之前人人平等，但落實在現實生活中，真的人人都平等嗎？像是大陸新娘取得台灣公民身分的時間比其他國籍人士還長；城鄉差距所造成教育資源、工作機會的不公平也屢見不鮮。社會學者普遍認為不平等是社會的常態，平等反而是一種烏托邦的理想。

平等的社會型態不存在

俗話說：「一樣米養百樣人」，表示人並不是出生在「真空」的狀態，而是生在由一群人所建構的社會環境中，不同的社會型態、文化背景與階級地位成就了不平等的人生，比如企業家第二代與麵攤老闆的孩子，在先天條件下便不平等。因此，我們以常識理解不平等概念時，也能推演出「社會本來就是不平等」的結論。這見解其實符合了人類學家的研究，至今人類學家尚未找到一個平等的社會型態。

造成不平等的一部分原因來自於大自然的力量。台灣早期有許多務農家庭，收入來源是種植果樹、水稻等農作物，但是一到收成季節，有些農人收成豐碩，有些則是損失慘重，原因可能是颱風掃過南台灣造成損害，北部卻沒有影響，結果造成兩種不同境遇的農人家庭。

不平等的另一部分原因則跟社會分工型態有關。在狩獵時代的人們，工作依據年紀、性別分工，男人專心打仗、女人煮飯、老人照顧幼童等。一旦有剩餘的食物，分配任務則由某一個有權力的人擔當，以個人「判斷」分配食物，因此有人多、有人少，不平等的情形自然就發生。

不平等起因於分配「剩餘」

「剩餘」乃是造成不平等的主要因素。這裡的「剩餘」是指自工業革命後，所造成的商品剩餘、人力剩餘等現象。這些社會多餘的人、事、物如何分配、誰來分配？是今天社會面臨不平等現象的最大問題。我們用簡單算數來解釋人力剩餘的問題，以前由一個人完成的工作，現在要十個人一起完成，那麼多出來的九個人就是剩餘人力。當社會出現多餘的人力，就必須增加位置以安排這一些「剩餘」的人，因此有了各種「專業人員」，像是經理人、勞工等，讓他們分工合作、各司其職以完成任務。但是由「誰」來判斷誰是剩餘人力、剩餘資源要分配給誰呢？

他們可能是有權力的政府領導者或者公司部門的主管，甚至是家庭中的

父母、兄姊。例如全家五口人分配一塊蛋糕，爸爸切了三刀成了大小均等的六塊，每一個人都能吃到，似乎很公平，但問題來了，多出的第六塊蛋糕要給誰吃呢？是老么、老大、母親還是父親？無論誰多吃一塊都會產生「不平等」現象。同樣道理，階級的不平等使得有人能坐領高薪，而有人只能領基本工資，甚至有人沿街行乞；而在性別的不平等上，男性在家中往往掌控了電視遙控器，女性則是被動地選擇電視節目。

雖然社會學家普遍認為不平等是任何社會所存在的現象，但是何種情形下才稱做「真」不平等，何種情形下只是稱為「差異」，在社會學概念中有不同的討論。

最有貢獻者獲得高報酬

以一家五口分配六塊蛋糕為例，多一塊是要給誰才叫做「平等」呢？要給每天工作最辛苦的父親，還是給最乖巧的老么？以社會功能論觀點來看，會建議蛋糕應該給「對家庭付出最多的人」，然而，付出多寡如何定義？涂爾幹認為任何社會都有它們自己認為比較重要的工作、活動，比如有些社會認為宗教最重要、有些則認為財富才是最重要；依前者標準，宗教領袖能得到蛋糕，後者是富翁才可能吃到蛋糕。

換句話說，功能論認為資源、報酬是稀有財物，當社會集體決定職位高低時，愈是重要的職位將獲致更多的報酬，而為了吸引更有才華的人來負責重要職位，社會便需要提供他們更多取得社會報酬的管道，功能論強調這種現象是一種「社會分工」所造成的「差異」，並不是不平等，因此能夠多吃那一塊蛋糕的人「一定是對家庭較有貢獻的人」。

權力製造了不平等

相反地，我們可以發出質疑，是誰有權力分配這第六塊蛋糕？誰能證明吃到蛋糕的人一定是最有貢獻？

以衝突論的觀點，握有權力者也就是切蛋糕的人，他有權分配第六塊蛋糕。如果切蛋糕的人是父親（象徵資本家），他可能只是為了平息兄弟姊妹之間為了爭蛋糕的吵鬧，而給了哭最兇的那一位小孩子（他可能對家庭最沒貢獻），或者是父親乾脆自己吃掉多出的一塊蛋糕。從這個例子來看，顯示出權力關係的不對稱，這才是不平等現象背後的主因，父親是一家之主，擁有最高的權力或威望，相較之下，小孩們擁有的權力相對低很多。父親從切蛋糕到分配一手包辦，其他成員只能一旁觀看，至於誰的貢獻大，皆由他決定。

功能論認為「以優厚的社會報酬給與最優秀、重要的人」，這是一種社會分工的結果，讓社會可以穩定進步與發展，鼓勵人們向上。但是此一觀點受到的最大挑戰就是無法回答：「工地的勞工」與「新竹科學園區內的勞工」哪一個重要？「醫生」與「貝克漢」哪一個對社會的貢獻大？為何給後者的報酬較高，其標準在哪裡？

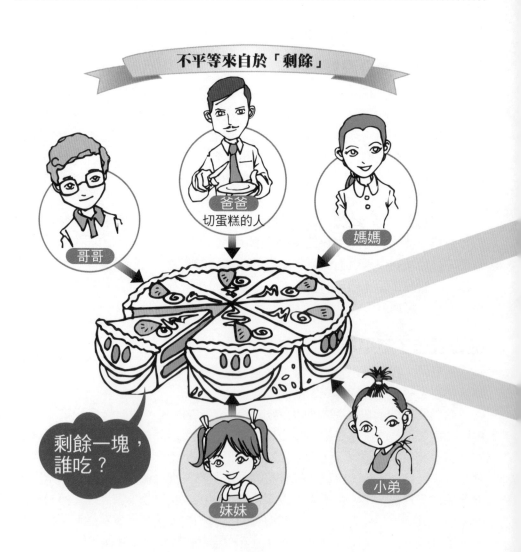

當社會出現「剩餘」現象，就會產生分配的問題，誰有權來分配這些「剩餘」，或誰能獨享這些「剩餘」，功能論及衝突論的學者各有不同的看法。

功能論觀點 ➡ 最有貢獻的人獲得最多報酬

身為父親要賺錢養家又要教育子女，是對家庭最有貢獻的人，應該多吃一塊蛋糕。

衝突論觀點 ➡ 握有權力者可以分配報酬

爸爸是一家之主，有權決定誰多吃一塊蛋糕。小弟不要吵，我就給你吃，要不然爸爸自己吃掉！

我要吃！

什麼是偏差行為？

不可否認地，不平等是社會普遍存在的現象，不平等的制度壓制某些人獲得資源的管道，這些受不平等對待的人們，比較容易成為社會邊緣人，同性戀就是一個明顯例子。早期同性戀在精神醫學上被視為一種疾病，社會也普遍不認同，因此同性戀被視為偏差行為，需要被矯治、接受治療。

偏差行為的定義

每一個社會皆存在偏差行為，為了維持社會安定，社會大眾會依據偏差行為的「輕重」，給予不同程度的「處罰」。而在不同社會文化、時空下，偏差行為被處罰的程度也有所不同。例如在農村社會發生妻子外遇的事件，街坊鄰居會投以異樣眼光或輿論的譴責，來「處罰」這位不守婦道的妻子；可是對丈夫娶妾的行為則遭受輕微的譴責，甚至獲得「你很勇」的讚美聲。

什麼是偏差行為呢？社會學對偏差行為的定義很簡單：只要違反社會所期待的行為皆屬之，例如：犯罪、吸毒、反社會人格等等。

具體來說，界定偏差行為的指標有：如何違反、誰在違反、誰在界定、何時何地發生等，不同「程度」的違反，社會給予的處罰也所有不同。

1. **如何違反**：如果人們違反不太重要的規範，他們的偏差行為可能不被重視，甚至被忽視，但像是殺人、強暴等嚴重的偏差行為，則可能引起眾人注意而群起反彈。

2. **誰在違反**：不同的人違反同一個規範，會受到不一樣的待遇，例如一個白人與黑人同樣因吸毒被抓，兩人所受到的處罰可能會不同。

3. **何時何地發生**：偏差行為的界定常因時空的變化，或是社會文化的轉變而有所改變。比如說，在以前不准墮胎，但現在有些國家以法律保障墮胎權；同性戀以往不能結婚，有些國家則立法通過；在台灣吸大麻是非法，但在荷蘭等國則是合法行為等等。

4. **誰在界定**：哪一種行為才是偏差行為？是由誰界定？通常能夠界定偏差行為的人是握有權力者，像是精神科醫生（團體）可以界定哪些人是精神病患；身為老師可以規定學生的行為；當然擁有政治權力的民意代表，更能夠立法規定何種行為是屬於偏差行為。

偏差的界定標準公平嗎？

「誰在界定」是社會學批判偏差行為的重點，「誰」並不只代表「個人」，也可能是一個團體，只要誰擁有最多的權力，就能定義偏差，並且處罰

不法行為。因此偏差行為的標準可能會被某些人誤用，而並非經過社會全體共同認定，例如當某個獨裁者隨意使用自己的權力規範人民行為時，那麼人民動輒得咎，何時被祕密警察抓走都不知道。除了這個極端例子，在日常生活中也存在著許多規範，例如：老師能控制學生的上課情況、公司主管能監控員工上班情形，此種由上而下的控制方式是社會的普遍現象。另外，為了維持「秩序」的普遍穩定，每一個人都可能是監控者，隨時制訂行為標準，比方說吃法國菜時有規定的禮儀要遵守，不然可能會被他人嘲笑等。

社會學的偏差行為定義

如何違反？
同性戀要爭取結婚權，社會反對聲浪大，如果只是戀愛則可被接受。

誰在違反？
同性戀與雙性戀，因為前者不可被改變，因此所受的社會輿論壓力較大。

何時何地發生？
同性戀在某些國家結婚是合法，在某些國家則否。

誰在界定？
同性戀在早年被精神科視為一種疾病，可以被矯治。

149

偏差行為的社會學觀點

如果偏差與順從是一體兩面的事，為何人們對偏差行為比較注意？或許因為偏差行為是會危及自身生活，才成為注目焦點。因此，社會大眾與學界無不希望找到偏差行為的發生原因，以便提出抑制的方法。社會學從鉅觀的社會結構面與微觀的社會互動面，提出以下偏差行為發生的原因。

偏差行為是一種脫序現象

社會學家包曼認為，在一個有秩序的環境裡，並不是所有事情都可能發生，有些事情是不會發生的。如果所有想像中的事情都真實上演，人們的生活將會陷入混亂之中，無法與他人交談、互動。因此人們為了防止失序現象，努力創造並維持一個井然有序的社會，並從其中獲得最大利益。因此，秩序只有一種標準，其他的選擇都成為脫序、偏差的現象，以交通號誌為例，遇到紅燈要停，綠燈可行，若有一天號誌燈全壞了，交通必將陷入混亂之中。

同樣的，涂爾幹也指出，社會規範是對人們行為的約束力，讓人們知道如何期待他人，也了解別人對自己的期待，一旦既有的社會規範崩解，生活將陷入混亂、失去方向。在自殺研究中，涂爾幹就發現當個人的經濟狀況急速上揚或跌落時，自殺率會較高。因此，自殺與社會失序的狀況有極大的關連。

偏差是以不正當手段達到目的

社會學家墨頓則指出，當「手段」與「目的」產生過大落差時，就會出現偏差行為，稱為「結構緊張論」。也就是說，當人們認同一個目標，卻無法以社會許可的手段達成時，會轉向用非法的手段以完成目標。例如社會歌頌財富價值時，對於無法以正常方式賺到錢的人來說，他們將轉向其他方式獲取金錢，像是搶劫、勒索、賭博等。

墨頓進而提出四種偏差行為的模式：一、創新：接受社會期待的目標，但不接受以正當手段去實現，反而自己尋求不合法的手段完成目標；二、儀式主義：只注重社會目標的達成，而不管用哪一種手段，總之達成目的最重要；三、退縮：消極的行為，不管外界的社會期望，也不在乎自己應該如何生活；四、反叛：不接受既有社會目標與手段，改以其他目標與手段取代之。

偏差行為透過學習而來

另一方面以微觀角度來看，人會選擇「正途」或「歹途」來達到社會目標，其實是透過學習而來的，而學習來自於文化環境。舉例來說，當一個人接

受到「兩面」的觀念，一是正當的賺錢、二是從事非法勾當，這兩種方式都是
人們知曉的賺錢方法，那麼為何他要選一而不選二。

脫序說

社會失序時
會產生偏差
行為。

例如：經濟
不景氣時，
失業者出現
自殺行為。

結構緊張論

目標與手段
落差過大時
會出現偏差
行為。

例如：為追
求財富而去
搶劫。

偏差行為的
社會學觀點

學習說

生活環境的
價值觀好壞
影響偏差行
為是否產
生。

例如：我要
效法同學靠
援交賺錢的
方式。

標籤論

社會給予的
評價形成偏
差行為。

例如：放牛
班的學生一
定是不學好
的壞學生。

次文化的觀點可回答這問題。次文化觀點強調，社會互動對偏差行為影響甚深。犯罪社會學家蘇遮蘭認為人們同時接受這兩種正當與不正當的觀念，當其生活的周遭環境主張不當價值大於正當價值觀時，偏差行為就可能產生。像是援交文化，在學校同儕團體中，如果有人提供此管道並提倡此價值觀念，其他學生受影響的機會較高；或者在貧民區中犯罪率比中產階級住宅區高出許多，古代「孟母三遷」就是這個道理。

偏差行為＝貼標籤

當我們看到街上有人穿得很破、頭髮很亂、身上散發出異味，和一個西裝革履，滿身名牌的人，我們會給兩者不一樣的評價，甚至給一個標記：前者是流浪漢，後者是紳士，這即是「標籤論」。標籤論的基本論調是，偏差行為並不是天生的，而是社會給予的標記，一旦標記為偏差行為後，就像產品被貼上標籤一樣，難以擺脫。

貼標籤是把偏差行為者污名化的過程，把個人從過去、現在到未來的生活給予一個負向的標記，進而影響到個人的自我認同。例如，放牛班的學生被貼上「不用功」、「不升學」、「壞孩子」的標籤，這群放牛班的學生可能因此自暴自棄，不再努力向上。

誰給的標籤？

標籤論給了污名化的自我認同概念，社會學家進一步質疑標籤是誰給的？標籤論認為，把偏差行為標籤化是一個社會過程而不是道德判斷，也就是一些人利用權力將自己的行為準則「強加」他人身上，衝突論對此有深切的批判。

衝突論認為，偏差行為與資本主義運作邏輯有關，簡單來說只要是阻擋資本家累積財富的行為都可能被視為偏差行為，例如：不願意配合上班規定者、不重視權威者等不受資本家歡迎的員工都被視為偏差；甚至資本家結合政治力量制定法律，打擊危害富人生活的偏差行為，像是賭博、酗酒的不正當行為，或懶惰、不勤奮等不良工作態度。諷刺的是資本主義的價值會「引誘」犯罪，當財富分配權、生產工具都掌握在資本家手中，勞工想要與老闆一樣有錢，又無法掌握賺錢所需的工具、管道與資源時，一些拼命想從公司拿取額外益處的「不聽話」勞工當然被視為難纏的對象，被打入偏差的行列中，為了防止此類行為發生，資本家則以減薪或解僱方式讓其利潤繼續累積。

墨頓的偏差行為模式

社會目標	合法手段	例子
創新	同意	反對	獲取金錢是社會的期望,但使用違法的方式獲得,例如小偷、強盜、販毒。
儀式主義	同意	忽略	工作是社會的期待,但如何增加生產力不是我的重點,例如官僚作業的文書旅行。
退縮	放棄	放棄	孤單老人,從職場中退下,自我放逐,等待死神降臨。
反叛	反對	反對	不同意社會期待的一切角色,不履行一切義務與責任,例如吸毒、飆車。

153

性別與不平等

一般來說，男與女在生物結構上存有天生的差異，從生理上分別男性與女性被視為理所當然。但是社會學關注的重點是人們如何看待這些差異，男生與女生如何被社會化而採取所謂男女有別的行為，以及哪些是被讚許或被處罰的行為。

吵鬧不休的性別爭論

男生與女生的爭論由來已久，似乎只要遇到性別的問題，就會展開全面的大戰。例如，具有女性意識的人認為歷史的英文字彙「History」充滿了男性沙文主義，應該改成「Herstory」，因為歷史不一定是男性創造的，女性也能創造歷史。而「成功男人背後有一個偉大女性」是受「男主外、女主內」觀念影響所致，讓女性受制於家庭工作，影響了求職意願。當然也有男人認為，男性與女性天生就有差異，並不是不平等，所以男生可以搬重物，女生則不行；而男性較粗心，女生較細心，因此適合的職業當然也有所不同。

要討論這些爭論前，必須先釐清什麼是「生物性別」（Sex）與「社會性別」（Gender）？所謂生物性別是指天生的生理現象，以第一和第二性徵，像是生殖器官、外表毛髮等，做為區分男與女的標準。而社會性別則是自我想像與文化賦予所形成的性別定義而言。

什麼是社會性別？

社會性別可以再細分為：性別認同、性別理想與性別角色。「性別認同」意指我們對身為男性或女性的感受，個人的生物性別並不一定能讓自己「感同身受」，例如有人生理上具有男性特徵，卻不認同自己是男性的身分。「性別理想」是指文化對男、女性別行為的期待。在日常生活中我們接觸到課本、廣告、電視節目或師長的教導，會有意無意地傳達男生應該像什麼，女生應該像什麼的性別理想。「性別角色」則是依據性別來區分分工、責任與義務，例如認為男性應該要負起養家責任、不可以隨便哭泣；女性應該要照顧子女、表現溫柔。

性別理想與性別角色常因社會變遷而有所改變，以往「男主外、女主內」的傳統性別角色與理想，現在已經隨著女性走出家庭、進入職場的情形而改變。但是某些性別刻板印象依然存在，例如男性化的女生，被視為「Tomboy」，女性化的男生則被稱為「娘娘腔」。

女性	男性

生物性別	我有子宮、乳房	我有精液、鬍子
性別認同	我認為自己是女人	我認為自己是男人
性別理想	父母從小教我穿洋裝、玩扮家家酒、要化妝、可以哭	父母要我穿長褲、玩戰車、專注工作、不可隨便哭
性別角色	社會賦予我的責任是照顧小孩、整理家務；如果我有工作，還是要兼顧家務與工作	社會賦予我的責任是外出工作、賺錢養家，家事只要幫忙。不能一輩子不外出工作

性別角色為滿足家庭需求

為什麼會有性別角色的差異，功能論、衝突論與女性主義提供了不一樣的觀點。

功能論對於性別角色差異採取正面的觀點。他們認為家庭需要兩種不同功能的角色：「工具性角色」與「情緒性角色」。工具性角色是家庭與外界的溝通者，擔任工作與賺錢的角色；而情緒性角色則是負責家務工作、照顧小孩、處理人際關係或解決小孩吵鬧的情形。

那麼為何此兩種角色能夠限制住男生與女生的行為？功能論者認為妻子照顧小孩是天職，父親並沒有處理情緒性角色的生物功能，因此當父親外出工作時，母親則是在家照顧小孩，這並不是不平等的問題，而是恰好滿足家庭的需求。

不可否認的，功能論的解釋有落入「生物決定論」的缺憾，只以生物特徵來劃分男生與女生扮演不同的性別角色，卻忽略社會學習可能改變人對生物性別的認同。

女人經濟愈自主也就愈自由

衝突論則以權力觀點分析，強調性別不平等來自於握有支配權力的男性與處於服從地位的女性之間的衝突所造成的。社會學家柯林斯指出，女性服從的程度在於：第一，誰控制她的經濟。像是女性是否經濟自主，還是只能依靠男性養家；第二，女人用來交換財產的價值。例如結婚時，女方能夠帶給男方財富嗎？她是否能生小孩？依據柯林斯的看法，當女性在經濟上愈自主、可交換財產的價值愈高時，表示在婚姻關係中受男性壓迫程度就愈小，甚至女性也能擁有選擇伴侶的權力。

女性是資本經濟中的弱勢

不過，單以支配與服從關係只解釋了性別不平等的部分事實，新馬克思主義認為女人受壓迫的事實與資本主義的生產模式脫不了關係。因為女性有懷孕、月經週期、情緒化與照顧家庭等因素，讓以利潤為考量的資本家降低僱用意願，充其量女性只被視為「產業預備軍」，當勞動市場缺乏工人時，女性才被歡迎加入勞動市場，當經濟不景氣時，女性又被退回家庭。

貝羅與諾理司指出「服從的女性」是資本主義調節勞動市場平衡的方法，並說明資本家如何利用女性特質達到此目標。第一，女性工作比男性不重要，因為她們可以仰賴家庭；其次，女性對解僱的反彈不大，因為她們有家庭做為後盾；第三，女性待在職場上的時間較短，無法使用工會組織以形成改革力量。

男與女是互相對立的階級

　　基進女性主義者則認為資本主義根本與父權主義是同路人，因為現今的父權體制是男性精心設計壓迫女性的結構，家庭則是女性被壓制的主要場所，透過「性奴役」與「強迫性母職」，全面性地控制女性的身體。如果要建立一個沒有性別歧視、沒有壓迫的新社會體系，依基進女性主義學者戴爾非之見，應視男性與女性是兩個對立的階級，唯有認清這種不平等的根本，才有可能打破女性從屬於男性的現實。

性別角色差異的不同觀點

功能論
男性與女性各有不同功能角色以滿足家庭需求

維持家庭和諧

養家活口的工具性角色　　負責家務的情緒性角色

衝突論
性別不平等來自支配者與服從者之間的衝突

我要養你，所以要聽我的話

衝突

我可以靠自己，為什麼要聽你的？

掌握權力的支配角色　　仰賴支配者的服從角色

新馬克思主義
性別不平等根源於資本主義結構

我是生產主力，較重要

我被視為產業後備軍，不受重視

資本主義

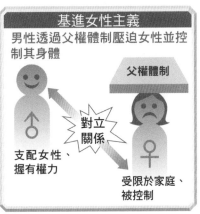

基進女性主義
男性透過父權體制壓迫女性並控制其身體

父權體制

對立關係

支配女性、握有權力　　受限於家庭、被控制

愛你，還是愛我自己？

愛情是生活的調味料，在忙碌生活裡，如果有愛情的發生，生命一定更多姿多彩。但是愛情也讓人心碎，當兩人因愛發生衝突時，愛情成了緊張關係，不再是「你儂我儂」的甜蜜。到底戀愛關係的本質上是衝突的、還是和諧的？社會學提供一些想法解釋愛情關係的本質。

戀愛關係彼此衝突

愛情本質是衝突、不協調的。「我愛你」意指「我想佔有你」、「我要你成為我的一部分」，因此當愛情展開時，對方可能要求你不能與其他異性出遊、要告知去的地方、要改變你的個性以適合他／她等等，可是對方也想保有自己的生活空間與自由，於是兩人關係陷入衝突。誠如哲學家沙特認為愛的目的是被愛，戀愛者總希望自己成為他人所愛的對象（客體），可是又不甘心完全成為客體，也想成為愛的主人（主體），讓愛人變成自己的奴隸，雙方因而產生衝突。

換句話說，人在戀愛過程都想當主人，想保有獨立自主的性格，卻往往無法做到。因為戀愛的本質基本上是一種佔有，想把對方當成奴隸，但是又無法完全獨佔對方，使得雙方無法取得平衡，和諧只是短暫的現象。比如說，男生要求和女生發生關係時，男生想藉由「性」宣告對方已經完全屬於自己；但是女生不願意與他發生關係，不想被性給牽絆住成為男性的奴隸。所以「我真的愛你啊！甘願做你的奴隸」，這句話在社會學者眼中看來是一種「愛情烏托邦」，因為事實上誰也不想當對方「愛的奴隸」。

脆弱的戀愛關係

戀愛本質是衝突的，因而愛情本來就很脆弱。每個戀人都希望被對方了解，付出愛的同時，也渴望對方同樣地以愛來報答自己，如此的「互惠」需求，包曼認為這是使得愛情關係格外脆弱的原因。

當兩人初次見面時，並不能理解對方的需要，為了讓彼此關係持久下去，雙方必須有所讓步與協商，以謀求一套互惠方式。但戀人們不想失去主體性，不想因戀愛而喪失自我，一旦戀愛雙方無法滿足彼此付出與回報的互惠需求時，最後只好以分手收場。美國社會學家史耐特進一步解釋，愛人會堅持對方要真誠地向自己坦白、無條件分享內心世界、不可隱藏任何事情，但是有一天對方一定會做不到，例如與他人發生了一夜情，坦誠的戀愛關係最終有一方會選擇退出。

　　因此，愛情關係是脆弱、不堪一擊的。愛情能夠永久，只存在於單向的愛，不問回報、只問付出的關係，一旦愛情變成雙向交流，問題遲早會出現，需要協商、討價還價、妥協讓步，而當有一方自主性太強、無法取得共識時，愛情便從此劃下句點。

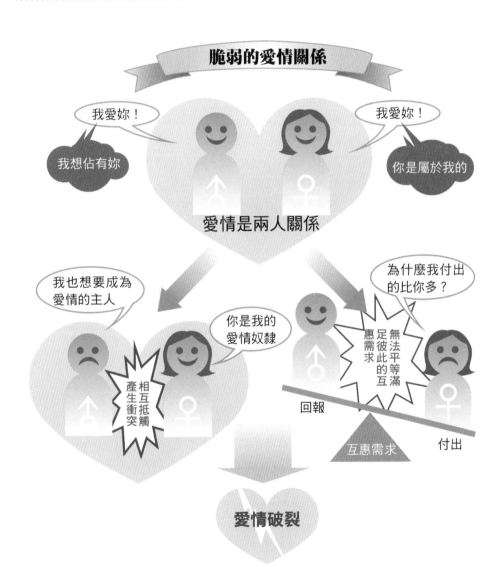

種族歧視

早期台灣漢人社會對原住民認識不足，原住民由於母語、文化與漢人不同，在溝通無法順利時，漢人常以「番仔」稱呼，並且貼上吃檳榔、愛喝酒、愛鬧事的標籤，認為原住民的文化落後，是跟不上時代潮流的民族。

對原住民的污名化

　　以上例子是漢人對原住民長期污名化的結果，原住民已經被深刻烙印這些負面印象，使原住民與其他人互動時，在此「污名」下進行不對稱的互動關係。例如漢人對原住民的刻板印象，認為他們最適合做捆工、礦工、漁民等勞動性職業；與原住民互動時，酒和檳榔是最好的交際媒介。

　　民間社會會對原住民產生歧視，其實國家政策扮演了重要角色。在強勢民族優越意識下所推行的同化政策，往往充滿了偏見與誤解。從國民政府接收台灣後，在一九四六年頒佈「台灣省回復原有姓名辦法」，強迫原住民以漢姓為名，造成原住民文化系統的混亂。而早年學校教育的課本裡有「吳鳳捨身感化原住民的故事」，用以彰顯「漢人比原住民高一等」的論述，也使原住民背負「殺害吳鳳」的原罪。

族群中心主義的壓迫

　　依據包曼觀點，教育、文化壓力與國家介入等三種力量的結合，可增強民族（此指漢族）成員的情感上、生活上的相互依賴，有時候會產生「族群中心主義」：深信自己的民族文化是正確、高尚的，勝過其他種族，並堅信自己民族的利益應該超越其他民族的利益。

　　當國家領導者存有「族群中心主義」，常以自己民族的優越感，視其他民族是落伍的，因而透過各種權力壓制其他民族的發展，常使用的手段是制定法律、政策，以獲得壓制其他民族的合法性。例如當權者以保育為名設立一座座國家公園，剝奪了原住民的土地權、狩獵權等文化與生活方式。

同化的方式

　　為何一個民族會壓制其他民族？包曼以簡單的例子回答，當人們離開一個從小到大熟悉的文化環境，進入一個陌生之地時，過去所取得的知識將會在新環境中被貶值，並且被斥為「入侵者」，本地人為了保存自身文化傳統不被入侵者給破壞，最好的方法是激起族群優越感，將入侵者隔離或驅逐出境以保住

既有的傳統，而「同化」就是達到此目的的主要手段。

同化雖意指消除弱勢民族的文化地位，但其過程可能是強制的，也可能是平和的。強制性的同化，通常是經由國家機構進行，透過立法或暴力限制弱勢民族的文化活動，達到隔離、驅離甚至消滅的目的，希特勒屠殺猶太人就是一例。平和的同化過程則是優勢民族從弱勢族群中吸納一些文化、食物、音樂和語言等文化特質，再以誘使的方式使弱勢民族放棄自身文化的某部分。

比較好的民族相處模式應該如多元論所主張，維持少數民族的多樣性，強勢民族也應該允許多元化的發展；或者透過立法方式保障少數民族，例如：設立原住民保留區、國會議員對少數民族的名額保障等。

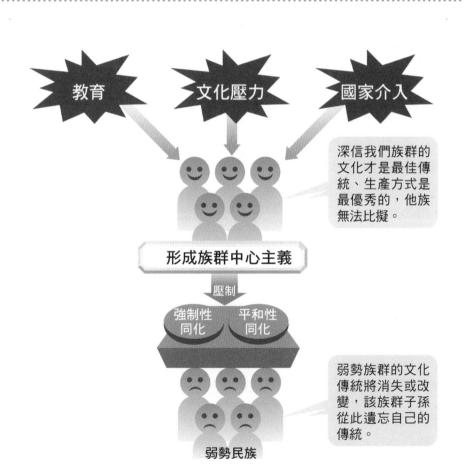

年齡歧視

歲月的消逝是我們無法抵擋的事實，老化是生物普遍的真理，當老年人卸下社會責任，從社會角色脫離的過程中所造成的社會問題，例如：獨居老人、貧窮老人、失落老人等等，無不在社會各角落發生，社會學則普遍以關懷的立場來分析。

人口老化是未來社會的課題

從戰後嬰兒潮後，世界人口的組成趨向老化的現象是社會各界關心的問題。人口老化的基本原因是生得太少，生育率大為降低，早年「多子多福氣」的價值觀已經被「兩個恰恰好、一個不嫌少」的人口政策所取代。不過隨著經濟、社會的變遷，現代人對生育想法又有改變。年輕一代的夫妻存有「只生一個」或「乾脆不生」的普遍觀念，以至於整個社會人口將是老人愈來愈多，年輕人愈來愈少。問題是當年紀大的人逐漸退出勞動市場時，「供養老年人口」的責任將落在下一代身上。

一些國家已經注意到人口老化的嚴重性，一方面獎勵生育，另一方面則增加老年福利政策，例如：老人醫療照護、安養中心等，但是隨之而來的賦稅問題，是正值青壯年世代的未來危機。

老了就不重要了？

社會對老年人的刻板印象，像是體力不足、頑固、成為社會負擔、性能力衰弱、學習能力差、跟不上時代等等，這些刻板印象往往沒有任何依據，卻深深烙印在老人族群中。

從鉅觀社會學的角度分析老人不平等的結構問題，衝突論者明白指出，對老年人的不平等源自於資本主義社會以工作倫理為主的價值觀，認為老年人的生產力低、僱用成本高等不符合勞動市場的特質，只要剔除他們，換一批年輕有力的青年，就能保障其經濟利益。

不同於資本主義社會，在福利國家中，老年人雖然沒有生產力，但因為政府積極實施老人福利政策，老人因而能受到較好的待遇。例如：給予老年津貼、醫療照護、請老年人至社區大學教書等，讓人民不因退休而失去生活的目標。

關於老化的社會學理論

老化是必經的生命歷程，重點是如何解決老化現象所帶來的社會問題，譬

如老人應該「老而不休」，繼續工作與學習新事物；或是老人應該安享天年，讓出機會給年輕人等，社會學針對此提出了幾個理論包含：撤離理論、活動理論、次文化論等，試圖找出解決方式。

◆**撤離理論：**指出老年人從社會角色撤離是他們對社會環境的反應。從個人來看，撤退反而讓自己獲得更大的自由，而從社會觀點，老年人的撤離是必要過程，如此年輕人才能「出頭天」，代替老年人的位置。撤離理論的觀點與功能論雷同，年輕人身強體壯合乎勞動市場需求，而老年人在工業社會中被視為較無功能，老年人從既有位置退下，由年輕人補上，是社會保持穩定的因素。

◆**活動理論：**認為當老年人放棄從前的角色，他們會出現沮喪、自尊喪失等負面情感。為了提升老人們的士氣，應該積極鼓勵老年人繼續參與社會活動，俗話說：「活到老、學到老」就是這個道理。活動理論引用符號互動論的觀點，強調老年人與年輕人並無不同，不應該受到不同待遇。

◆**次文化論：**此派觀點認為如果能夠形成一個高齡次文化圈，當人們邁入老年時，將獲得更多支持感與歸屬感，對於一個已經喪失從前地位的老人來說，特別有價值。社區長青俱樂部、老人活動中心就是一例。

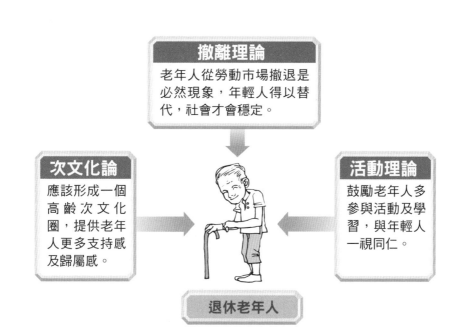

什麼是社會控制？

我們都害怕混亂、無秩序的生活，期待一個強有力的制度來加以管控，預防脫序的行為影響自己的利益。因此我們需要社會控制的機制。在社會學概念中，社會控制是指透過權力來防止偏差，以維護社會秩序。

社會控制的方式

功能論大師帕森斯說明社會控制的三種方式：一、孤立：把偏差者與群眾隔離，而不給予矯治過程，像是被判終身監禁的重刑犯；二、隔離：限制偏差者跟常人接觸的行為，並不是將其完全分離，一旦偏差者行為合乎社會期待時，可重返正常社會生活，例如精神病患者，治癒後可回歸社區生活；三、矯正：利用矯治方式讓偏差者恢復社會角色，比如戒煙、戒酒協會，可以幫助老煙槍、酗酒者改掉壞習慣。

正式與非正式社會控制

社會控制的方式分為正式與非正式兩類。正式社會控制具備具體的組織和規則，以促進控制的效率。警察機關和其他執行機構如：法院、精神病院等都是正式社會控制組織，並且由一群強有力的人員組成，受到社會大眾與法律的認可，例如：警察、律師、法官等司法執行人員，他們以法律為後盾，具有強制力，可以直接給予偏差犯罪者適當的處置。

非正式社會控制方式多半由道德、習俗為評斷標準，其認定偏差的準則也因不同社會、文化標準而不同。比方說，一位離婚而再婚的婦女，在農村社會可能會被街坊鄰居投以異樣眼光，或以言語指責，但是在現代社會則不會受到太大的責難。

社會性獎勵、處罰、勸導等方式是非正式社會控制的基本型態，例如以體罰來處罰不乖的學生，同時也用勸導的方式來規勸誤入歧途的學生走上正途。

對社會控制的反省

包曼曾說社會秩序是「人造產物」，當社會把「常態」與「偏差」劃分時，而得到對偏差行為控制的正當性。不過這種二分法將會出現最大危機，即包曼所謂「陌生人」（意指新型態偏差行為）的出現，如同居、同性戀等現象，是否就一定是偏差行為？人類社會是瞬息萬變且複雜度高，如是，二分法的態度只會使混亂的危險一直存在。因此偏差行為是普遍存在的社會事實，而不是社會控制不成功所產生的結果。

正式社會控制

孤立、隔離、矯正

由組織和規則組成
1.以法律為後盾
2.具強制性
3.有執法人員及機構

罪犯

**偏差
行為者**

酗酒者

精神病患

健全社會

監獄
醫院
戒酒會
收容所

乞丐

恢復正常重返社會

非正式社會控制

獎勵、處罰、勸導

以道德、習俗來評斷
1.受社會、文化影響
2.不具強制性
3.小團體中最明顯

同性戀

**偏差
行為者**

未婚生子

家庭主夫

傳統保守
社會

輿論壓力
社會壓力
團體規範

壞學生

順從社會規範

社會控制無所不在

被監控是不好的感覺，每個人都不喜歡被人控制。但是為了維持社會秩序，不讓社會解組、混亂，有時候社會控制的手段有其必要性，以有效控制偏差行為的產生，讓社會其他人的生活不受偏差者的干擾。因此在控制結構的底下，我們都是「既得利益者」。

對社會控制的不滿

「權力」是社會控制機構最常用的「工具」，以往權力結構是從上而下，例如：政府對人民、老師對學生、父母對小孩，或者警察對犯罪者等，都是貫徹某一個權威的意志，使其他人服從、順從自己的意思行動。不過，此社會控制策略，它的正當性與合法性受到許多人的質疑：為什麼我們要聽從上位者的意思行動？我們為何不能自己訂規範、法律？因此，當有人開始不滿支配者的社會控制手法時，原有的社會控制規範將受到嚴峻的挑戰，例如：反性別歧視的女權運動、同性戀族群的人權運動、原住民運動等等。

烏托邦的平等社會是一種假象

反對控制的社會運動企圖要打破既有的權力規範，以建立一個平等、無歧視的國度，只是這樣想法與行動，真的可行嗎？在強調多元文化、去中心化、去二分法的當代社會情勢下，後現代理論學者傅柯認為，當代權力關係是無法化約成「支配者與服從者」的對立關係；換句話說，所謂無產階級的革命，也無法建立一個「沒有權力控制的社會」，因為烏托邦的平等社會，可能隱含著不一樣的偏見與歧視，只是不被發現而已。比如說，倫理觀念、兄友弟恭、亂倫的禁忌等規範，並不會因為在共產主義或社會主義來臨後就消失。

傅柯進一步指出，當代權力關係的論述應以更細微的角度剖析，權力對我們的控制本質是無法隨著時代變化而消逝，改變的卻是權力在身體上的宰制手段。因此我們必須重新省思權力是什麼、權力在哪裡的概念，進而批判那些看似公平又獨立的權力制度。

使人同一化的規訓目的

社會上充滿了各式各樣的規訓機制，諸如家庭、學校等等，透過一連串儀式性的規訓技術培養出一個溫馴良善的個體，稱為「訓育化的身體」。例如：家庭倫理教育所強調五倫、學校教育的一日為師終身為父的信念，經由這些價值觀與規範的教化，讓我們必須隨時隨地扮演合宜的角色。這些規訓技術其目

的即是使人的「個體化」變成「同一化」。為達到同一化的目的，就必須把反叛的、異類的身體排斥於社會之外，因此只依賴家庭與學校等制度化機構的教化是不夠的，必須仰賴一套精密的規訓技術，像是監獄機構的監管。

　　傅柯以哲學家邊沁的「圓形監獄」監管技術為例，解釋規訓技術如何成形。此監獄的建築外形呈圓形，中央是一個高塔，圍繞中央塔的是一系列牢

傅柯

社會上有各種規訓機制，例如：學校、家庭、軍隊等等，透過一連串的規訓技術，對人的身體、精神、時間、動作進行管理，以期培養出能夠適應社會並符合社會規範的個體。

社會上有各種規訓機制

軍隊的士兵	學校的學生	家庭的子女
要服從長官、保衛國家、遵守紀律	要尊師重道、按時寫完功課、與同學和睦相處	要孝順父母、幫忙整理家務、聽從長輩教誨

↓

培養出溫馴良善的人
（訓育化的身體）

房，中央塔即是監視塔，牢房則有兩面窗戶，一個用以透光，另一個面向中央塔，因此監視者只要站在中央塔裡就可以監督每個牢房。而且犯人並不清楚中央塔裡是否有監視者在監視，他們只好假設有監視者存在，時時小心自己的行為舉止，不敢越矩。

權力無所不在

但是監視（看）與被監視（被看）的關係，並不是象徵著監視者擁有較大權力可以控制犯人，讓犯人在監視下小心自己的行為；相反地，當監視者進入中央塔裡時，必須盡力看到沒有看到的地方，由於本身也陷入一個定位，監視者同樣被這裡的環境控制了。

圓形監獄的例子指出所謂的權力關係是無所不在的，不光只是由上而下的、或者由中心到邊陲（如中央塔至牢房）的關係，因此權力關係的焦點不在於誰擁有權力，而是權力如何運作。傅柯將圓形監獄的概念引伸在當代社會關係上，認為透過「監視」的手段，使權力的運作在日常生活中蔓延開來，成為約束人們的力量。就如同看與被看（凝視關係）的權力關係在身體上實踐，經由凝視來形塑我們的身體，督促我們的舉動要合乎規範，例如女性在公共場合的舉止、服裝必須合乎禮節，雖然不知道誰在看著妳，但是迫使自己要常常注意舉止動作是否合宜。

權力壓抑偏差亦產生偏差

不過，反抗權力的控制也是必然存在，傅柯指出有權力宰制就有反抗，同時反抗也會為了抵制反抗而產生權力介入，就像表現不好的學生被當成學校當局進行家庭訪問的藉口。然而，權力與反抗之間的「恐怖平衡」是不是無解的習題？傅柯認為正因如此，反而提供人們在反抗權力控制中獲得快感的可能性，藉由顛覆常態的快感獲得滿足。

費斯克在討論庶民愉悅時，從「霸權宰制」的觀點來理解庶民的愉悅，認為大眾的愉悅感是來自於反對或是挑釁企圖控制規範他們一切的社會權力。由於控制並不能達到滴水不漏的全面性，因此異於規範的快感有顯現的機會。然而權力控制會不斷地實行，於是愉悅也不斷地被創造，例如：吸毒、違反常規的轟趴（home party）、搖頭Pub、飆車、換妻俱樂部、紋身、身體穿洞等偏差行為就因此而產生。

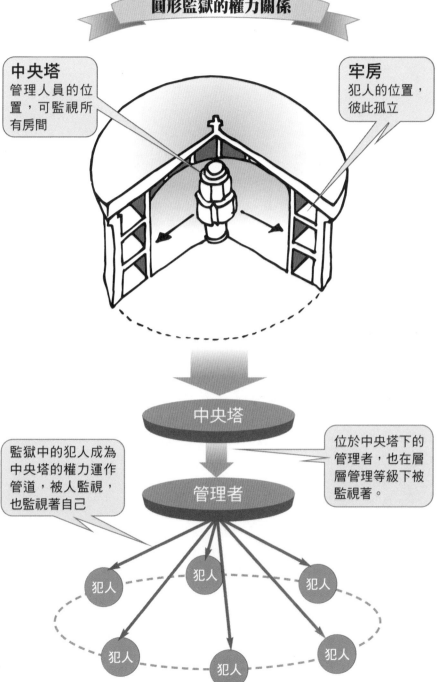

富爸爸一定生出富孩子？——社會階層化

　　無論哪一種社會型態，人們為了追求財富、權力或身分地位等有限的報酬，因而產生了不平等的階層化現象。階層化把人們區分為各種富、貧、貴、賤等「高」「低」價值類屬，並影響人們的互動過程。社會學對此關心的問題是：社會如何分配這些報酬、以及階層化與社會體系的關係，例如：富人與窮人之間資源應如何分配、窮人要如何翻身。當然社會學不會告訴你「致富的關鍵」，而是以批判的論點，解釋階層化的社會意義。

★ 為什麼會形成階層制度？

★ 別人如何認識我的身分？

★ 權力、地位、財富的關係

★ 社會流動有哪些方式？

★ 社會學家如何看待階層化現象？

★ 何謂「貧窮」？

★ 搶救貧窮可能嗎？

社會階層如何形成？

台灣有句俚語：「富不過三代」，意思是富翁的子孫到了第三代因為生活太優渥，反而把家產都敗光了。不可否認地，繼承財產是快速提升地位的好方法，然而白手起家的故事可能更為感人。此種貴賤不同的人生，社會學認為是「階層化」的結果，讓每個人位於高低不同的社會位置，並獲致不同評價及報酬。

資源競爭造成階層制度

無論哪一種社會型態，都存在著階層制度。共產主義社會也有各種工作、職缺需要人做，而資本主義社會更是人人要搶好工作。這一切源自「所有權」的概念，即是每個人都想要將資源私有化的過程。社會學家包曼指出在資源有限的情形下，有人有所得，另一人就會有所失，為了爭奪有限資源，彼此的互動變成了競爭，而競爭造成了壟斷，使資源趨向兩極化——最後「勝者為王、敗者為寇」，贏家與輸家變成了「固定」的社會類型。用馬克思的話來說，贏家就是資本階級，輸家就是勞工階級。當資源集中在資本家、富人的手中，廣大的勞動者只好以工作換取生活所需，並「甘之如飴」地被資本家剝削。

但是現實上，人們需要工作，資本家需要賺錢，包曼對此解釋，人透過「所有權」的擁有來增加生活的自由度，使自己可以不受他人的控制，依據自己的動機行動。

位置可替換的開放社會

為了爭奪有限資源，產生了社會分工，讓不同人做不同的事，一代傳一代後逐漸變成了固定的「社會位置」，然而社會又賦予這些位置不同的價值判斷，讓社會位置有了富貴貧賤之分。其中一些有限的社會位置變成稀有財，人們想盡辦法想要佔有一席之地，例如：醫生、立法委員等社會位置。但在有些社會裡，人們無法爭奪社會位置，因為他們一生下來已經被注定是皇族或奴隸。

幸好，大多數的現代社會可以提供人們移動到「好位置」的管道，當然在競爭的過程中也可能失敗而落居「壞位置」，人們經後天努力而向上提升，或下向沈淪的社會，社會學稱為「開放系統」。例如家境不好的孩子可以透過教育、職業訓練等晉升管道，提高自己的競爭力，加上個人的努力，以後功成名就的機會還是很大；同樣地，社會也提供了「溜滑梯」的管道，讓已經功成名就佔住好位置的人，在競爭過程中失去既得利益，成為輸家。

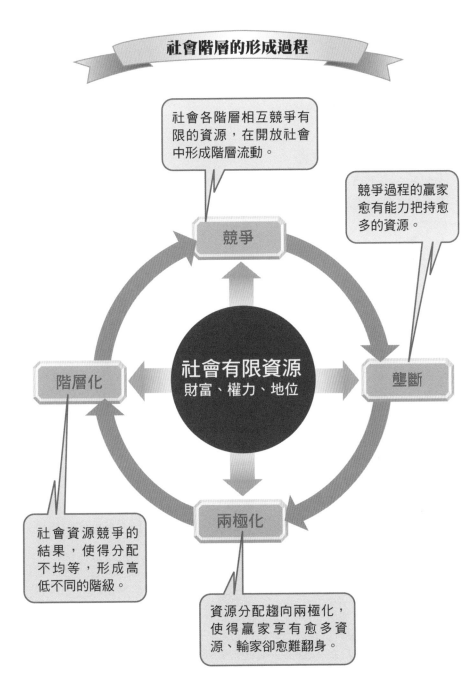

社會階層的形成過程

社會各階層相互競爭有限的資源，在開放社會中形成階層流動。

競爭過程的贏家愈有能力把持愈多的資源。

競爭

社會有限資源
財富、權力、地位

階層化

壟斷

兩極化

社會資源競爭的結果，使得分配不均等，形成高低不同的階級。

資源分配趨向兩極化，使得贏家享有愈多資源、輸家卻愈難翻身。

社會位置讓別人認識「你」

要了解一個人需要花很長的時間，就算是夫妻還不一定了解對方，何況是初次見面的「陌生人」。在職場上，因工作任務需要拜訪客戶，有時無法花很長時間自我介紹，對方當然也無法與你促膝長談，因此我們發明了「名片」，載明社會位置的名片從此成為認識彼此的重要橋樑。

名片展現你的社會位置

到社交的場所，想要認識他人、介紹自己，會從口袋中抽出名片遞給對方。名片裡記載了公司名稱、職稱、姓名、電話等等，一些看似簡單的個人資料，卻讓他人有效地「認識」自己，甚至影響他人對自己的互動方式。例如，你是某大報社的總編輯或只是小記者；或者你是某大企業的執行長或只是小業務。

不同身分代表著不同的地位高低、權力大小、財富多寡等，這些線索都存在一張小小名片中，當他人接受名片後，自然把你歸類在社會的某一位置，是屬於電子新貴，還是受薪階級。社會學者指出人會表現出這類行為，是因為我們在社會中都佔有一席之地，這個「社會位置」像階梯一樣有高、有低，易於區分、識別每個人。

階層化的指標：財富、地位、權力

由於社會資源有限，無法平均分給每個人同樣的社會位置，因此社會有「一套標準」將社會成員分門別類，有些人可以獲得較多的資源，有些人則處於弱勢；這種資源不平等的分化過程，將會一代傳一代，社會學稱為「階層化」。階層化是每一個社會普遍存在的現象，為了理解社會形成階層的規則，韋伯以財富、地位與權力做為分析階層化的「指標」，這三項彼此有所關連，也能各自獨立。

最常用來識別社會階層的是「財富」。社會各階層的人各有不同機會獲取不等的收入與財貨，韋伯指出財富不只是以勞動所換取的薪資收入，也是個體所擁有的資產，像是「含著金湯匙」出生的企業家第二代，一出生就擁有龐大財產。

其次是「社會地位」，是指各種社會聲望與名譽。通常社會地位的高低與財富多寡關連性不大，而且社會聲望可能有正有負，所以社會地位的高低並不一定與財富多寡成正比。像是領固定薪水的大學教授，他的社會地位就比賣盜

Chapter

10

富
爸
爸
一
定
生
出
富
孩
子
？
——
社
會
階
層
化

版光碟而賺大錢的老闆高。

除了財富和地位之外，「權力」也是韋伯所認為階層化的類型。權力是指一個人或團體能夠落實、實踐自己意志的力量，即使遇到阻力也能執行。一般認為握有權力的人，同時擁有龐大的財富與名望，像是政黨領袖；反過來說，同時擁有財富與地位的人，卻不見得能擁有極大的權力，像是投資專家。

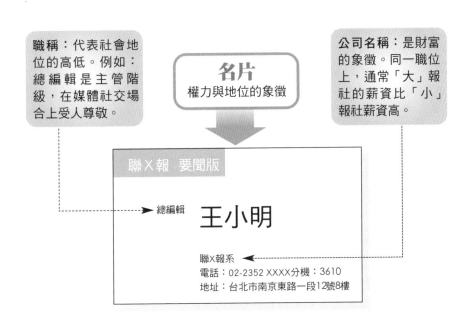

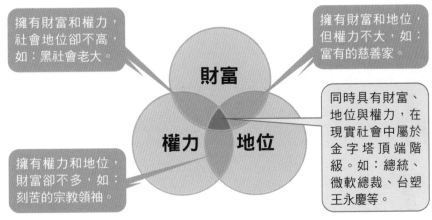

什麼是社會流動？

俗話說：「人往高處爬，水往低處流」正是「社會流動」的最佳寫照，有人為求財而奮鬥一生努力賺錢；有人為求名而嫁入豪門；也有人為求聲望而努力讀書。但社會學指出，只有在自由開放的社會，階層才可能流動，因為封閉社會中，人的社會位置在出生時就決定了，「佃農」絕不可能變成「總統」。

向上流動

「社會流動」是指在不同社會位置間，個人或團體所處階級的移動。大部分的人都希望「向上流動」以取得財富、地位。小時候父母常教訓我們：「要唸書將來才有前途」。的確，教育普及是促進社會位置向上提昇的重要原因，早年的社會如果家裡有人考上大學，可說是往後生活的保障。不過在今日，高等教育普及，大學生、碩士、博士等高學歷的畢業人數眾多，想要只依賴「教育程度」在階級裡向上流動，機率愈來愈小。

影響向上流動的因素很多，有些可歸咎於個人因素，有些則是導因於社會結構。而社會學特別關注社會結構變化對階層移動的影響，例如現在的高科技產業造就了許多「電子新貴」，其所得可能是傳統產業工作者的數倍。

向下流動

在經濟不景氣的年代，有人失去工作，失去原有的財富、地位，即所謂「向下流動」。根據常識判斷，造成向下流動的原因，可能是個人懶惰、教育程度低、生病、發生意外等，但是造成向下流動的因素不僅如此，實際的成因更為複雜。比方說，如果是經濟環境造成結構性失業的問題，就不能歸究於個人不夠努力。不過，向下流動的結果不一定是失去收入，也可能是失去地位、名望或權力，例如影視明星或政治人物可能因為緋聞而「身敗名裂」，退出演藝圈或政壇。

垂直流動與平行流動

「垂直流動」是指個人或團體的社會層級向上或向下移動，例如：中樂透一夕間成為億萬富翁、或是股票大跌變成窮人。「平行流動」則是指在同一階層的社會位置間平行移動，像是記者從甲報社跳槽到乙報社，他的身分一樣是記者。

代間流動

「歹竹出好筍」是一句台語俗諺，意思是「表現差的父親怎麼會生出這樣

優秀的小孩」，以社會學語言來說，這是父親與兒子之間職業的改變，也就是跨世代間的流動，稱為「代間流動」。像是企業家第二代不想接手父親的產業而當起藝術家；或者屬於三級貧戶佃農的兒子後來當上總統。

社會學探討代間流動以「地位成就研究」為主，在一項美國的研究中發現，兄弟之間職業與所得的差異，並不能以父母的職業、教育背景來解釋，反倒是個人特質才是造成地位成就的主因。

先天與後天的流動難易度不同

在任何社會中，個人與團體的社會位置都能流動，不過在流動過程時所受的阻力大小，就要視社會階層化的特性而定。

一般分為先天的地位與後天的成就。先天既定的地位依附於既有的特徵上，例如：家庭、性別、種族、繼承等，後天的成就則是靠個人特質所成就的地位。

如果社會體制是屬於封閉的階層化社會，其階級形成就傾向先天所擁有的地位，這樣的社會流動會傾向集體性；換句話說，除非個人所屬團體的階層集體移動，否則個人的階級不可能移動。例如古代印度的「種姓制度」，每個人生下來就屬於某一階級，生活各面向都受到所屬階級的規範，一生都無法改變。相對來說，社會階層體制傾向於後天的地位所形成，則屬於「個人努力就能出頭天」的開放性階層化社會，現今的台灣社會就鼓勵個人力爭上游，以取得財富和地位。

向上流動的主要途徑

在開放的社會中，社會流動是普遍的現象，社會文化也會提供個人流動的機會，而個人則會尋求特別「管道」達到向上流動的目的。像是改變職業，藉由改變職業以獲取較高的經濟收入；從職員升到經理，或是跳槽到其他公司等，這也是個人改變社會位置最普遍的方式。另外，教育成就也是向上流動的主因，不僅是教育程度高低會影響流動，所受教育的品質也會影響社會流動的方向，例如名校畢業的學生與社區大學畢業的學生同時開始在社會工作，彼此在職業與社會地位上的競爭機會卻有著明顯差異。

華人所重視的家庭與婚姻制度，也影響著個人向上流動的機會。長久以來不乏以結婚來提升社會地位的例子，例如與總統的女兒結婚，一躍成為「駙馬爺」；而嫁入豪門世家，成為現代「灰姑娘」的故事也很多。

社會價值與階層分布圖

影響因素

教育程度與品質、個人努力、婚姻、職務升遷、換工作、社會結構等等

影響因素

生病、殘疾、天災、個人性格、社會結構性因素、退休、步入老年等等

向下流動

向上流動

受薪階級
例如：上班族

藍領階級
例如：工廠勞工

窮人
例如：遊民、
三級貧戶

高　　　　　　　　　　　　　　　← 失敗指數 →

179

階層化的社會學觀點

社會學觀察階層化現象時，大多忽略個人特質的影響，而是專注於階層化與社會結構的關係。像是功能論認為階層化是社會穩定的力量，因為職務需要有高低，才能讓重要工作與不重要工作都有人做；衝突論則持相反意見，認為職務高低並不是工人自願選擇，而是資本家剝削勞工的結果。

愈有貢獻者階層愈高

「工作的貴賤要看有無貢獻而定」這是功能論者對階層化的主要觀點。持此論點的涂爾幹認為，社會分工是普遍現象，每個社會都有其認為比較重要的工作，並且依據社會價值的認同把工作「分門別類」，而每個工作都有其貢獻。

對於造成「不平等」的階層化原因，涂爾幹指出，社會上雖然有分工，每個人各司其職，但是為了求社會進步與穩定，社會上一些具有重要功能的工作，就必須由經過訓練、有才智的人來擔當，因此社會需要提供較為優渥的報酬以吸引他們擔負重要的工作。

簡單來說，功能論主張社會提供不同的吸引力，例如以高薪來吸引具有才幹的人從事對社會貢獻較大的工作。社會學家戴維斯與摩爾主張不平等的報酬是必須的，如果社會不給予做重要工作的人多一點報酬，那麼這些工作將會逐漸消失，社會也可能解體。例如醫生的薪水高、地位高、聲望高，因為要當醫生需要先經過七年的醫學訓練，再通過資格考試取得執照，而且醫生對社會貢獻相當大，如果沒有醫生，生老病死的人生各階段將無法得到照顧。

資本主義造成階層化不平等

根據功能論的看法，重要工作要給予高的薪水，問題是哪些是重要工作？而重要工作獲得高薪水也不一定合理。像是好萊塢的電影明星拍一部戲可以獲得幾百萬美金的片酬，是因為電影明星比醫生重要嗎？

衝突論者認為造成這種階層化不平等的差異來自於「資本主義」。馬克思認為資本主義是資本家剝削工人的溫床，因為沒有生產工具的勞工，無法自營生產所需的物資，只能把勞動廉價地賣給資方。不僅如此，資本家為維持既得利益，灌輸勞方「虛假意識」，讓勞工認為老闆是合理地對待自己，而不是剝削。

衝突論者指出，透過資本主義的虛假意識，讓醫生自覺賺的錢夠多了，其實醫院（資方）賺更多；而好萊塢電影工業傳遞資本家的意識型態，以娛樂歡

愉掩飾被剝削的事實，讓大眾把電影明星捧上天，比起每天辛勤掃馬路的清潔員還重要。

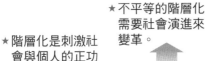

社會階層的兩種觀點

摩爾　　　戴維斯

社會需要整合、協調、分工合作，而產生階層。

功能論觀點

★階層是普遍存在，而且是必需的。
★工作與報酬是合乎社會公平。

★階層化是社會成員皆同意的價值。
★不平等的階層化需要社會演進來變革。

衝突論觀點

★階層化是刺激社會與個人的正功能展現。
★社會資源由社會大眾共享。

★階層雖是普遍存在現象，但非必需。
★工作與報酬缺乏合理標準。

★階層化的標準掌握於某些既得利益者。
★階層化的改變需要以革命為手段。

★階層化阻礙社會與個人的功能。
★社會資源掌握於某些人手裡。

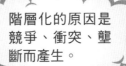

階層化的原因是競爭、衝突、壟斷而產生。

馬克思

181

搶救貧窮大作戰

對於財富沒有人會嫌多，卻沒有幾個人渴望生活在「一簞食、一瓢飲」的儉樸環境，更不願意陷入貧窮的困境。到底什麼是「貧窮」？一般人認為物質缺乏就是貧窮，但社會學提出更深一層的理解，例如貧窮可以是相對比較而來的，並且社會學關注的焦點包括：貧窮者的污名化以及消滅貧窮的可行性。

貧窮者的污名

沒有人會想在街上行乞，自願當一位窮人，窮人的命運除了受到沒有錢而苦之外，同時窮人還蒙受社會的「污名」，認為窮人之所以淪落到今天的地步，是個人性格始然，因為窮人好吃懶做、不願努力、好高騖遠，落魄至此完全是咎由自取，如果想脫離貧窮應該要認真工作以改善生活。不僅如此，有人認為政府的救濟措施，只是為了維持社會秩序，避免窮人變成社會負擔，甚至影響富人的生活安全，因此各國政府都積極想要消滅貧窮。

不過，窮人也不是一無是處，功能論者就主張貧窮具備社會的正功能，因為窮人的存在能夠激勵社會向上的力量，人人都會希望自己擺脫貧窮、追求富裕的生活，如果大家的所得都一致，就沒有人願意努力向上。雖然社會大眾愈來愈能接受因經濟不景氣而失業等非自願性因素所導致貧窮的說法，但是很多窮人仍然背負著污名，羞於公開自己的生活狀況。

絕對貧窮與相對貧窮

社會學定義貧窮時分為：「絕對貧窮」與「相對貧窮」。社會學家布斯是最早提出貧窮標準的學者之一，他認為所謂絕對貧窮是指缺乏生活基本所需的必要條件，像是三餐、住所、衣服等。往後許多國家也引用布斯的概念制訂「貧窮線」，低於此線者，政府認定為窮人，需給予必要的社會救濟。

相對貧窮則是指和他人比較下，自己貧窮的程度。在這樣的比較標準下，我們可以說一個月入三萬的上班族比月入十萬的電子新貴窮，或者在早年電視是奢侈品的環境下，擁有電視的人就算是富有。相對貧窮也可以指所得分配情形，假設所得分配金字塔頂端的百分之十是高收入的富人，那麼在金字塔底部的百分之十則為低收入的窮人。

搶救貧窮的不可能

大部分的社會學家們相信貧窮無法完全消滅，人類學家也尚未發現一個沒有階層化的平等社會型態。或許如功能論者所言：「貧窮也是有功能的」，雖

然沒有人願意當窮人，但這是社會必要之惡，而且到處都存在。

　　社會學者齊美爾對窮人的定義，不再以是否滿足基本生活所需的物質觀念來認定，而是指接受他人資助者，或者希望接受他人資助者都稱為「窮人」。根據這個定義，貧窮就不僅是存在於社會底層的人，而是存在於任何階層，例如我想要創業，卻沒有足夠的資金，此時我就會覺得自己是窮人，寄望別人的贊助。因為在同一階層裡的人，還是有收入高低之分，也因如此，人比人氣死人的「相對剝奪感」油然而生。即使住在豪宅、出入有名車代步的有錢人，在與同儕比較之後，還是有人會感到自己貧窮。因此，齊美爾認為，政府想要消滅貧窮的政策不可能達到，即使清除了社會底層的窮人，依然無法消除存在各階層中，經比較過後感到貧窮的人。

貧窮線以上　　　　　　　　　貧窮線以下

相對貧窮　相互比較下，富人也不一定都「富」

絕對貧窮　缺乏維持生活基本所需的條件

貧窮線

相對剝奪感

窮人是社會互動「施與受」關係中的受方，在與有錢階層的同儕比較下，也會認為自己是「窮人」。

對貧窮者的污名化

認為貧窮者好吃懶做、好高騖遠、自甘墮落、習慣性失業、自卑感，完全是咎由自取。政府不應該給予社會救濟。

改變中的社會

　　人會隨著年紀增長而改變，社會也是。社會變遷如同生命歷程一樣，不是憑空而變，而是有跡可尋。十八世紀中葉，工業革命在西方展開，社會學才開始注意社會變遷所造成的生活改變，而致力於研究工業化、都市化、現代化的種種影響，到了當代更創出後現代、後工業等「後思潮」。不過，無論歷史處於哪一階段、社會如何改變，社會學所關心的議題依然圍繞在社會結構上，探究社會變遷的原因與未來將會如何發展。

★ 何謂社會變遷？

★ 影響社會變遷的可能原因有哪些？

★ 社會學家如何解釋社會變遷現象？

★ 什麼是現代化？

★ 什麼是都市化？

★ 群眾與大眾有什麼區別？

★ 社會運動如何發生？

什麼是社會變遷？

歷史上有些發明改變了生活型態，也讓社會某一部分發生變化，例如電視引發媒體革命、飛機縮短時空差距，而網路則改變人們的互動模式。事實上，社會不斷在變化中，但真正會動搖原本的社會結構與制度的改變，必定是經過長時間的醞釀使然，而發現與解釋社會變遷的原因與方向正是社會學的目的。

影響社會變遷的原因

社會學家紀登斯指出，所謂「社會變遷」即是社會結構改變的過程，尤其是在某一階段所發生的基本制度的改變。雖然每個社會的變遷「速度」不同，但社會變遷是普遍化的社會現象，也是社會學家主要的研究課題，並致力於找

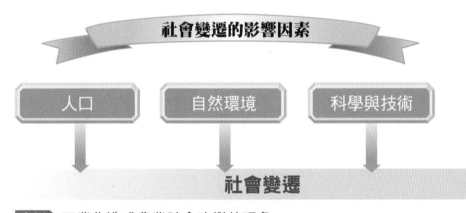

社會變遷的影響因素

人口	自然環境	科學與技術

社會變遷

實例 ▶ 工業化造成農業社會改變的現象

大量居民遷往都市，產生治安問題。

工廠林立，造成空氣污染，使人遠離工業區居住。

生產技術進步，使得商品大量生產，機器取代人力。

出發生社會變遷的原因。從歷史「橫切面」來理解，可發現促成社會變遷的原因很多，我們以社會學觀點來解釋導致變遷的理由如下：

◆**人口**：以常識來看，一個原本只有二個小孩的家庭，但之後又生了五個，這個家庭一定會因為孩子變多了而產生某些變革，比方說，增加家庭的經濟負擔，使得母親也要外出去賺錢。同理，人口質與量的改變也會促進社會變遷，例如：五〇年代美國的「嬰兒潮」使得教育制度擴大；社會工業化的結果讓人口遷移至都市，產生了都市治安的問題；或者人的壽命延長及出生率下降，造成老年人口增加，影響社會保險制度的建立。

◆**自然環境**：人類學家相信人類文明的起源離不開河流，表示人類生活受自然界影響很大。例如：經常發生地震的國家會影響制定建築防震法規的標準；原始林地的破壞會改變當地部落的生活方式；都市的空氣污染，讓人希望遠

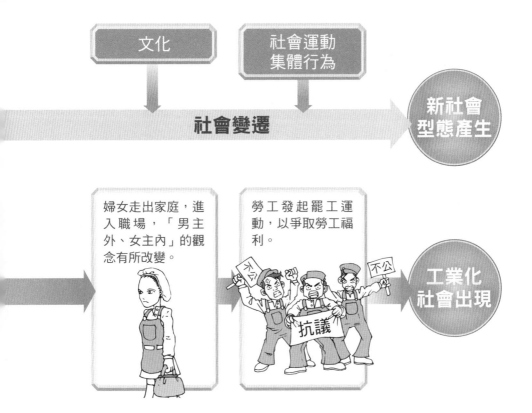

離都市居住。

◆**科學與技術**：科技的進步也會影響社會制度的變化。比如說，醫療科技的進步，使得人類平均壽命增加，影響社會福利政策的改變；飛機發明讓遷徙不再是難事，也改變人際互動的範圍；新的農牧技術，讓農民獲益更多，人類不再需要逐水草而居。

◆**文化**：知識、信仰、價值、行為……等文化的改變，也能促成社會變遷。文化很少是靜止不變的，有些變化很明顯，有些卻是在「潛移默化」中進行。社會學家歐格朋將文化分為物質與非物質兩部分，「物質文化」是指如貨品、工廠、房屋、汽車等物質物品，以及科技發明與技術改變；「非物質文化」則包括：家庭、學校等社會機構；法律、風俗、習慣等價值系統；政府和遊說團體等政治機構。當這兩者變化的速度不一致時，會導致「文化落差」，而產生社會問題。例如，在工業革命期間，生產技術的進步使得貨品大量製造並擴大了勞工市場，因此鼓勵婦女外出工作，但家庭內仍然要求婦女必須擔負家庭責任。這種一方面要女人投入勞動市場；另一方面又要求女人留在家裡而出現的差距，就是文化落差。

　　除此之外，社會還會經由「文化擴散」把某一地的文化特質傳遞到其他區域，而造成社會變遷。例如：網際網路改變了人際互動的方式，也使得不同價值、信仰在短時間內被傳播，又如一九八四年時，麥當勞「速食」首次登陸台灣，改變了台灣人的飲食習慣與用餐行為。

◆**社會運動與集體行為**：不是每個人都對社會滿意，反過來說，社會也不是對每個人都公平，因此有些人會組織起來對抗或發起抗議活動，這些社會力量也導致社會變遷。例如台灣在一九九一年「一〇〇行動聯盟」所推動的廢除刑法一百條運動，促成了政府修法，讓人民有了思想言論的自由；八〇年代的野百合學運，順利促使「萬年國代」下台，台灣民主制度更為完備。此外，一些地區性的抗爭，例如：抗議興建焚化爐、變電廠、反對公共建設的土地徵收等，其結果也會造成某些政策的改變。

社會變遷的意義

　　在社會學知識脈絡中，「後」這個字是當代社會變遷論述的主流形容詞。「後」代表歷史出現「嶄新」、「斷裂」的局面，意思是新型態的思維、生活方式、經濟模式等社會型態的來臨，例如：後工業、後現代、後結構等。其中，「後工業」是相對於「工業社會」而言，意指從勞動密集工業轉變到強調知識經濟的時代。

當然，社會變遷不是憑空而變，也不是短暫現象，而是經過歷史事件的累積所產生出的震盪力量，足以改變某地區，甚至全球的變化。換句話說，社會變遷在時間和空間上並不是短暫危機的解除，而是造成社會結構全面且長期的衝擊，是人類無法逃離的。

以工業化所帶來的社會改變為例，由於以機器代替手工、實行生產裝配線的方式分化勞動，勞工開始有固定的工作時間與休閒時間之分，而改變了農村時代「日出而作、日入而息」的生活方式；又為了工作方便，政府興建了集合住宅，讓勞工住在一起。這些都是工業革命所造成社會整體生活的改變，其影響範圍遍及社會各層面，包括：政治、社會、經濟、民生等都發生了結構性的改變。

新時代來臨了嗎？

因此觀察一個社會是否經歷變遷，不是以短暫的時空改變來判斷，需檢驗是否具有「新」型態的生活機制產生，還是只是回歸之前的生活型態。以台灣經歷SARS危機為例，當SARS過後，有人宣稱這是「後SARS時代」的開始，但真的是「後時代」的來臨嗎？我們可以觀察經濟、社會體制是否改變，或人們思維、行為是否轉變，還是「脫下口罩」後一切就恢復往常？如果只是回歸「SARS時代之前」的生活型態，那麼只是社會動盪，是否為社會變遷則有待檢驗，而比較精準的說法是我們的社會目前處在「SARS時代之後」，而不是「後SARS時代」。

社會變遷理論

社會如何變遷？未來的社會型態是什麼？馬克思認為社會主義社會將會到來；韋伯主張資本主義的理性化是人類的「鐵牢」；涂爾幹則將未來寄望於「道德重整」。除了古典三大家的看法外，社會變遷的理論有：文化落差理論、聚合理論、依賴理論與世界體系論等，都以批判的觀點解釋社會變遷的現象。

趕不上變化—文化落差論

當進步的速度比人們適應的時間快時，就可能出現社會問題，例如上了年紀的人在面對今日功能複雜的家電，可能並不知道如何使用這樣的產品，也看不懂說明書而無法操作，因此導致心理調適不良，認為自己落伍、退步了；另外，推廣使用保險套，保守人士擔心將引發性氾濫的危機，與前衛人士發生「性解放」的激辯。社會學認為發生這些現象是因為物質文化變遷的速度太快，導致非物質文化適應不及所致，美國學者歐格朋稱此為「文化落差」。

歐格朋認為當社會物質部分改變時，其他部分也要隨之調整，否則會發生種種社會問題。其原因之一是來自於人的惰性，當人在面對新事物時，會出現不願意學習新事物的心理，而產生了變革的阻礙；另一個原因是既得利益團體間彼此的競爭，複雜的利益糾葛減緩了社會變革的力量。

歐格朋認為文化落差是當今社會的主要問題，在以前的社會，人們比較有時間適應新事物，然而在現代化社會，物質變化迅速，人們已經沒有充裕的時間去適應、去嘗試各種解決的方案。例如網際網路發展至今，人們仍無法建立一套完善的網路法律規範，以遏制網路犯罪的行為。

殊途同歸—聚合論

社會是否因為工業化、現代化的影響，使得各社會的發展都趨向於相同？這是「聚合論」所研究的議題。例如，不同的社會在經歷工業革命後，都出現了農村人口向都市移動的普遍現象，接著是教育普及、大眾文化的興起，各社會似乎都存在著這些「殊途同歸」的現象。

聚合論者認為，在工業化的初期，不同社會的發展過程因彼此相異的傳統背景而有所差異，但是在工業化一段時間之後，社會的發展將趨於一致。以資本主義社會與共產主義社會為例，資本主義下的社會在成熟工業化時代，政府開始注重勞工福利、教育制度；同樣的，共產主義下的社會，政府也允許某些自由市場的機能，以促進經濟的發展。

文化落差論

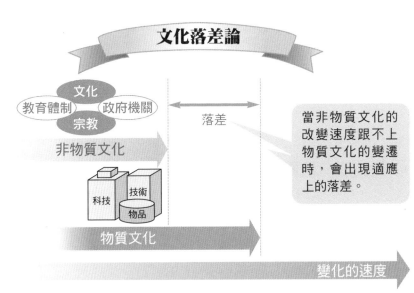

文化

教育體制　政府機關

宗教

非物質文化

科技　技術　物品

落差

物質文化

變化的速度

當非物質文化的改變速度跟不上物質文化的變遷時，會出現適應上的落差。

聚合論

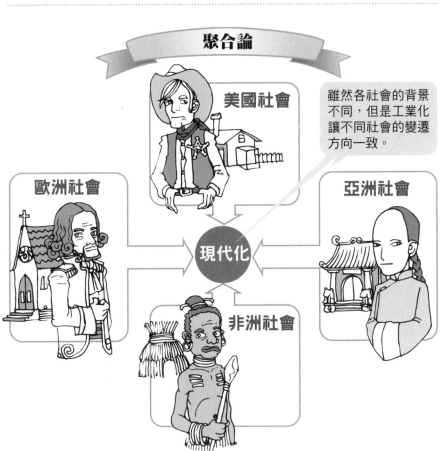

美國社會

歐洲社會

亞洲社會

非洲社會

現代化

雖然各社會的背景不同，但是工業化讓不同社會的變遷方向一致。

不過，聚合論的觀點被批評過於簡化，只是為西方化、現代化背書。反對者認為聚合論忽略了不同社會的特殊背景，有些社會與國家可能永遠達不到「聚合」的目標。例如非洲的第三世界國家，雖然接受進步國家相當多人力、財力的援助，但他們至今仍然無法脫離貧窮，趕上西方國家的文明發展。因為聚合論忽略了國與國之間不平等的關係，讓各國的社會變遷方向並不是直線地往同一個目標前進。

中心與邊陲—世界體系論

　　如果把社會放在整個世界來看，社會變遷的原因就不再是社會內部結構的動盪所造成，而是「國與國」間的不平等關係使然，華勒斯坦認為，社會在世界中處於不平等的發展過程，稱為「世界體系論」。

　　世界體系論主張世界經濟是一個體系，是由核心國、半邊陲國與邊陲國所組成，而且這些國家彼此的經濟關係並不平等。位於世界體系中央的是核心國，擁有大量的資產階級，並掌握生產技術的核心，相對於周圍地區是屬於較強的國家，同時深深影響非核心社會的事務。最外圍的一端則為邊陲地區，處於其中的國家國勢較弱，具有多數的農民階級，專門從事原料的生產，並深受核心國的影響。界於兩者之間的則為半邊陲地區，意指上升中的邊陲國或沒落中的核心國，半邊陲緩和了核心與邊陲兩極化的發展，因此穩定了體系。

　　簡言之，世界體系論認為國際間經濟、文化的不平等關係，讓邊陲國家的經濟「一蹶不振」而獨厚核心國。他們認為核心國的利益來自於剝削第三世界國家，也因如此，位於邊陲的國家，往往無法取得技術突破，只是位處「代工」的地位把產品輸往核心國。例如台灣在日本殖民時代，依賴日本國的統治以振興經濟，隨後在一九五〇年代台灣接受美援，造成台灣的工業技術十分依賴美國。

奴隸與主人—依賴理論

　　「依賴理論」是與世界體系論相似的社會變遷觀點，不同意聚合論者所主張的各社會都將走上同一條路，達到西方已開發國家的經濟水準這樣的結論。依賴論認為世界上各社會是不平等的發展，以美國、歐洲等國家為核心，其餘地區的國家為第三世界國家，需要仰賴核心國的經濟援助，才能發展本國經濟。第三世界國家與核心國就如同「奴隸與主人」的關係，主人提供奴隸工具，生產主人所需的產品，奴隸雖從中賺取財貨，但是並無法改變原本的奴隸地位。

　　紀登斯認為整個世界都受制於核心國家的控制，以吸收資本與原料的方式

阻礙低度開發國家的發展，並打擊當地本土產業的發展。換句話說，依賴程度愈高的國家，愈無法脫離「奴隸」地位，本國經濟也就無法振興。

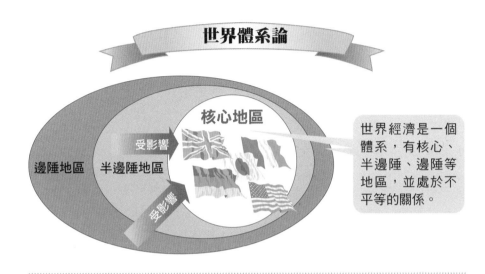

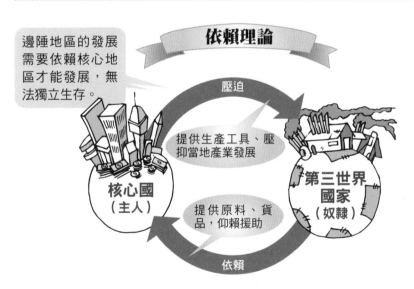

193

現代化

現代化的生活對當下的我們來說並不陌生，但是「現代化」可不是如此理所當然，而是歷史演變的過程。社會學認為「現代化」一詞，意指廣泛的變遷過程，涉及社會各層面，包含：技術、生活型態、社會組織、生產模式，思維方式等的改變，這些「變革的總體」就是現代化。

現代化的特徵

社會學開始致力於現代化研究，起於第二次世界大戰後的數十年，當工業革命如火如荼展開時，社會學家注意到整個社會正處於巨變的時代，其變化及影響是全面的而不是侷限於單一體系，社會學家史美舍歸納出幾個現代化的特徵：

1. **工業化**：從傳統的農業生活型態轉為勞工密集的工業生活型態，並以機器代替手工，同時出現了工廠制度。

2. **農業規模擴大**：傳統農村自給自足的的經營方式轉變為大規模的商業耕種，進而需要僱用大量的農工以提高收成。

3. **理性化**：人類思維脫離了以「上帝」為主的抽象思考模式，轉而相信科學邏輯的推演，眼見為憑的實證主義於是興起，傳統宗教力量則逐漸式微。

4. **科層化**：理性化的思潮造就科層制度的興盛，講求分工、可計算性，理性的科層制度成為現代化社會最有效率的組織型態。

5. **都市化**：工業化的結果促使都市興起，吸引農村人口移至都市居住，都市轉變為現代人的生活中心，農村人口的結構逐漸老化。

如果細微來看現代化對社會的改變，則不僅上述的現象，其他如：家庭人口減少、家庭功能被學校部分取代、正式教育組織逐漸健全、大眾傳播擔起教育功能……等等，這些象徵文明的建設與文化，被稱為「現代化現象」。

進步與落後的象徵

社會學之父孔德曾舉出社會發展的進程為：神學、形而上學到科學，揭示人類歷史最終走向科學，而破除神學與形而上學的窠臼。韋伯也認為現代化是「除魅」時代，把社會行動的「因」不再歸咎於上天的安排，像是傳統社會人們相信被雷擊中是因為遭天譴；發生月蝕現象是因為天狗吃月……等民俗或非科學邏輯的思維，都在社會現代化的過程中被淘汰。

同時，現代化過程建立起落後／進步、野蠻／文明、庸俗／高雅等對立的價值系統，也就是說現代化是與「進步」劃上等號，當我們談及現代化文化、

政府、組織或國家，其意義是正面的，代表著進步、文明的象徵。

　　然而，經過時間的洗鍊，現代化也造成「傷害」。工業化、分工化導致人際疏離，經濟發展造成生態浩劫與資源耗盡，這些因現代化所帶來的種種社會問題陸續發生，是當初積極「歡迎」現代化到來時無法預料的發展。

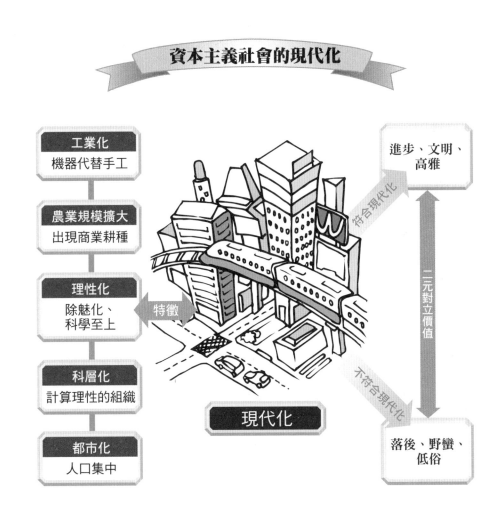

資本主義社會的現代化

工業化
機器代替手工

農業規模擴大
出現商業耕種

理性化
除魅化、
科學至上

科層化
計算理性的組織

都市化
人口集中

特徵

現代化

符合現代化

不符合現代化

二元對立價值

進步、文明、
高雅

落後、野蠻、
低俗

都市化

如果把社會變遷的範圍縮小至都市，那麼「都市化」則是社會變遷的重要課題。所謂「都市化」是指都市形成的過程，一般認為都市是由農村演變而來，工業化之後都市問題才逐漸浮現，而開始受到社會學家的重視。在理解都市化意涵之前，我們要先了解什麼是都市？

都市的意涵

都市並不是工業革命時才出現，在古文明時期已經有都市的遺跡，例如：雅典、羅馬等古老都市。韋伯指出一個完整的都市應具備：城堡防禦設施、市場交易機制、懲罰不法的法庭、獨立的政治制度等條件；涂爾幹則認為都市是異質性相當高的有機連帶社群，具有社會分化、分工的特色；同樣的，美國都市社會學家派克也主張，都市是具有高度分工與專業的有機體，其重要特徵是商業活動。綜合以上學者的見解，我們可以歸納出「都市」是具備高度分工、人口異質性、市場經濟與政治控制等特色的地域。

都市化的歷史進程

都市化在不同社會具備不同的「功能」。蔡勇美與郭文雄於《都市社會學》一書中，將人類歷史發展分為：農業時代、工業時代與訊息時代，並指出都市在此三階段的變遷。

針對農業時代的都市形成，都市社會學有兩派不同的看法，分別是「都市首要論」及「農村首要論」。「都市首要論」認為，都市的形成是為了保護農作物，為了達到此目的，需要組織軍隊、形成政府，以收取稅金維持運作，因此都市內專門化分工的情形逐漸展開，古代的莊園即是一例。農莊內的城堡就是農業時代的都市，它可以保護農民不受外敵侵入，農業得以順利發展。相對的，「農村首要論」則認為先有農村的存在，人口得以聚集才形成都市，而農村是提供都市糧食的後援單位，像是早期市集的形成，就是因為要交換農作物，農人必須聚集在一起，久而久之，市集成為都市型態。

工業時代的都市化現象是社會學的主要議題。工業革命後，都市化被視為必然過程，原因是機器代替手工，農村釋出過多人口遷徙至都市工作，都市則提供多樣的工作吸引過剩人口；同時，資本主義的私有財、勞資兩極化階級的現象，更促進都市高度發展。但是在資本主義發展的後期，都市已經不再是資本家投資的優良環境，進而轉向郊區發展，因此都市相對沒落，郊區隨之興起。

邁入二十世紀後的訊息時代，其最大的特徵是從事服務業的人數激增，例如：保險、銀行、醫生、旅遊、網路等行業，這些商業活動都不需要廣大腹地，所產生的生態污染也較少，生產過程則較工業時代簡單。但訊息化所造成的都市化變遷，目前仍然無法下定論，不過已經引起都市社會學家的熱烈討論。

都市化歷史進程

文明發展階段

訊息時代 都市形成原因：
服務業人口增加、產業轉型、生活品質提高。其影響有待深究。

工業時代 都市形成原因：
機器代替人工，農村釋出多餘人口移往都市，都市提供較多的就業機會。

因為都市的污染與居住成本高，人口轉向郊區移動，稱為「郊區化」。

農業時代 都市形成原因：
當時莊園的城堡相當於現代都市，目的是保護農作物，而農村是提供食糧的後援單位。

時間演進

集體行為與社會運動

不是每個人都滿意社會現狀，社會制度也不是對每個人都公平，因此社會成員常以集體行為表達不滿，或以長時間的社會運動反抗不平等的制度。這種由下而上的社會力量是社會變遷的潛在能力，例如：廢除老國代、環保運動、原住民運動等，都在某種程度上造成政府政策、大眾想法的改變。

集體行為的意涵

「集體行為」是指一群人對不明確的情況，或感到威脅之下所產生的反應，其主要特徵包括：沒有組織性、自願性活動、短暫行為等；也就是說，集體行為是一群非制度化的人，在短時間之內，出自自願所表現出的行為，其產生的原因與社會結構有關。例如二〇〇三年三月美伊戰爭開戰時，全球各地都出現了反戰聲浪，群眾為了反戰的理念而聚集，發起反戰遊行以喚起社會大眾的注意。在遊行的過程中，他們會情緒激昂地呼喊口號，並與警察發生推擠衝突，甚至有人受傷也無妨，但整個反戰行為可能只歷時數小時就結束了。

集體行為除了具有以上外顯行為的特質外，社會學家羅佛蘭德指出，在集體行為中可感受到三種情緒：害怕、仇恨與高興。不同的集體行為會產生不同的情緒反應，像是參加演唱會是令人高興的集體行為；發起政治抗議會讓人產生仇恨的心理；目睹災難現場則使人出現害怕的情緒。

群眾、大眾與公眾

社會學為了更精準探究集體行為，將發生集體行為的一群人分為三種類型：群眾、大眾與公眾。羅佛蘭德指出「群眾」是一群親臨現場參與，且面對面在某處臨時集合的人們；「大眾」則是一群持有共同目的，但彼此互不認識、未直接接觸的人們；而「公眾」是一群會對共同的事件、事務，表達贊成或反對觀點的人們，通常是對社會輿論的意見與態度。以上述的反戰行為為例，參與反戰遊行的人們屬於群眾；在電視前關注反戰新聞並支持其理念的反戰人士是大眾；而無論贊成或反對，討論反戰議題的人們都稱為公眾。

群眾活動如何發動？

面對火災現場、暴動場合、抗議活動，誰會參加群眾活動？有些群眾是依附在某團體下而被動員來到現場參加活動；有些人則是認同活動理念而個人自願前往，當然還有一群人是觀看媒體報導後，關心現場活動的情形而自行前往，或是附近的人們因為臨近現場，基於「看熱鬧」的心理而主動參與。

群眾

面對面的一群人
- 火災現場人群
- 遊行、示威活動
- 運動比賽
- 節慶活動

來自對共有情感的呼應，強調感受與共鳴的能力。

因共同興趣或注意而聚集在一起，只關心自身需要而有所反應。

**群眾、大眾
與公眾的分別**

大眾

不直接接觸的一群人
- SARS疾病人心惶惶
- 流行文化
- 下注彩券風潮
- 九二一地震陰影
- 對恐怖事件的害怕

公眾

參與公共討論的一群人
- CALL IN 節目討論
  政治議題

起源於對議題的投入，強調思考與批判的能力。

面對群眾的異質性，當注意群眾活動的其他人發現自己是「邊緣人」時，第一個疑問是「發生了什麼事情？」再透過其他群眾的解說、溝通，讓他人明白群眾的目的。史美舍指出不斷地溝通是聚集更多邊緣群眾的好方式。如果能說服他人加入，大家朝同一目標一同行動，更能發揮「團結力量大」的效果。

其中，「謠言」是群眾溝通時最常用的方法之一。謠言是指沒被證實的話，例如抗爭場合常聽見「警察打人」的耳語，而警察是否真的打人？群眾一時間也無法證實，不過卻能推動更激烈的行動。史美舍認為，謠言對群眾不了解的情況賦予意義，同時謠言也告訴人們會發生何事、事情將如何演變，以及該怎樣做。

社會運動的意涵

反對美伊戰爭的反戰遊行是集體行為，在二〇〇三年六月發生的總統府前反核遊行也是，只不過，這些集體行為都不是突發現象。以台灣的反核遊行來說，這個活動是在多年前針對核四廠是否興建的問題而展開，環保社團積極投入人力、物力宣傳反核理念，其活動範圍不僅在台灣本島，在外島蘭嶼也同步展開。這種有組織性的集體行為，具有改變或抵抗現存社會某些現象的理想性，而在體制外進行的集體抗爭，社會學稱之為「社會運動」。

相對於群眾活動只是一種表達意識型態的暫時性手段，社會運動則是長時間、有組織、有理想的活動，因此組織內必須有領袖、規範，還要有一套動員群眾與招募新成員的機制，使社會運動能持續下去。像環保運動希望能喚起世人關心自然生態、政府能以永續經營的角度擬定開發政策，但這樣的理念不是一蹴可幾，必須長時間進行，因此需要形成有組織規模的團體，以便能長期關注環保議題及發起相關活動。

社會運動如何形成？

社會運動的發生，首先來自於群眾對社會現象的不滿，把不滿的情緒累積起來，並且具體化形成組織，社會學家稱此為社會運動的初步階段。

社會運動的第二階段是民眾參與，這時會出現領導者，整合不滿情緒以形成共識，同時讓群眾明白運動即將成形。有了理想與目標的正式階段，正式組織與科層制度就會出現，意識型態也開始發展，史美舍認為意識型態是不滿與行動的橋樑，也界定社會問題的意義和反應形式。領導者會開始注意如何動員各種資源，並展開宣傳行動，直到現況有所改變，達到新的社會制度形成的階段，社會運動才能宣告成功。

社會運動的形成

STEP 1 | 對於某些社會現狀感到不滿，因而累積不滿情緒，開始聚集志同道合的群眾。

STEP 2 | 領導者出現，開始組織民眾，訂定具體目的與手段。

STEP 3 | 具體目標形成，組織架構完備，出現組織分工的現象。

意識型態指導組織行動與目標。

STEP 4 | 動員各種資源，進行宣傳活動、抗爭行動等。

STEP 5 | 目標達成，社會運動組織解散或轉向關心其他議題，繼續運作。

認識社會學理論

理論不是永遠不變的「真理」，尤其在龐雜的人類社會裡，想要用一個社會學理論來解釋所有的現象，幾乎是不可能。理由很簡單。除了社會本質上的複雜性，社會學理論也會隨著社會變遷而改變、修正。本篇將介紹一些知名的社會學理論與歷史事件，讓讀者能獲得理論發展的梗概，而有興趣者可進一步閱讀相關書籍。

早期社會學理論的發展

初次與社會學「見面」的人，常在理論「森林」中迷失方向，困惑著為何社會學沒有一套「標準答案」。原因是社會學所關心的現象過於複雜，難以提供標準答案，因此，想在社會學理論中找到不變的真理似乎不可能。不過，在應用社會學之前須熟悉各理論學派，才能在理論森林中選擇能說服自己的「良木」。

重要社會事件的影響

任何一種知識的發展，均受到所處的社會環境所影響，以社會環境做為研究題材的社會學來說更是如此。初期的社會學發展受到社會力量的影響很大，例如：法國大革命、工業革命與資本主義、社會主義、都市化、宗教變遷與科學發展等，這些歷史上的重大變革事件，提供社會學理論成長的「溫床」。

一七八九年的法國大革命歷經十九世紀，掀起一連串的政治革命運動。法國大革命的影響不僅在法國，還擴及全歐洲，使得社會急遽變遷，其中包括政治民主化的過程，看似好事一樁，但吸引社會學家注意的卻是法國大革命所造成的不良影響，讓社會學者積極思考如何重建社會秩序，甚至想回歸中古世紀的和平時代。

從十九世紀到二十世紀的年代，工業革命與資本主義興起，這也是社會學理論發展最興盛的時期。工業革命不光只是「機器代替手工」這樣生產技術的改變，重要的是它衍生出資本主義體系，以及此新社會所產生的社會問題，成為社會學古典三大家：涂爾幹、韋伯、馬克思，與日後社會學者竭盡心力探討的主題。

社會變遷與知識變革的影響

為了解決資本主義社會產生的各種弊端，社會主義被視為解決方案之一，其中以馬克思的理論最為著名。他積極地批判資本主義，並參與政治運動，主張以革命方式促進社會主義式的社會出現。不過，並不是所有社會學家都如同馬克思一樣激進，韋伯與涂爾幹便不贊成以革命手段推翻資本主義，而是以社會改革的緩和方式逐漸改善資本主義社會的種種問題。

工業革命所引發的另一個效應是「都市化」。大量人口集中於都市居住，造成人口擁擠、環境污染、交通便利卻人際疏離等問題，此現象引起社會學家的關切，例如：韋伯對科層制度的批判、齊美爾對都市生活的觀點；而美國的芝加哥學派，更以芝加哥城市為研究對象，探討都市生活的各層面問題。

除了社會變遷的影響，知識變革也衝擊了社會學理論的走向，爭議最大

的是啟蒙運動時代的科學論戰。部分社會學家認為應該依循物理科學的方法，讓社會學變成一門客觀學問；有些社會學家則認為全盤採用科學模型是不可行的，因為社會學本質是「詮釋」，詮釋並沒有是否客觀的問題。然而，這兩種不同看法的爭論至今並沒有一方「獲勝」。

初期社會學理論發展過程

法國

知識變革
啟蒙時代

學代來
科代取
倡導而代上知
時臨形而代、識
形神學的

孔德

會學
社究
提實定
出，社會學
事奠會科
法了是一門
學知識

涂爾幹

德國

社會事件
法國大革命

社會變遷
工業革命

本
提資
出主層性
義論為
化、、異論無法
主化階級鬥爭論

馬克思

本
探資層性
討本為
主理無法
義、鐵
制認
化，是逃脫
這的
牢

韋伯

美國

社會變遷
都市化

以美國芝加哥城市為研究
對象，探討都市化產生的
社會問題

芝加哥學派

存在就是合理—功能

「存在就是合理」是功能論的理論特點，認為只要是社會存在的「事物」，就能找出為何存在的「理由」，而此「理由」通常有利於社會整合。當代功能論基本上延續史賓賽、涂爾幹的論點，並更為系統化地論述「功能」與社會的關係。

每一事物都有存在的作用

何謂「功能」？社會學的界定是，某一社會體系經由調適或調整後，所產生的可觀察結果，像是政府開辦低利房貸，刺激房地產景氣上升，這個影響「房地產景氣」的結果，就是低利房貸對社會的功能。

功能論的論點源自於史賓賽的「生物有機體」概念。將社會視為「生物」一樣，社會的每一個制度就像生物的每一個器官，對生物體（社會）來說都有功能。而涂爾幹則「發揚」生物有機體的概念，認為社會是由不同部分組成，各部分都對社會有功能，包括偏差行為也在某些社會價值上具有功能，例如殺人犯的存在，讓人們反對犯罪，同時表達人們對制定法律的需求。

因此，功能論主要觀點是，社會整合與穩定才是常態，社會動盪只是短暫的現象，如果發生了失序的行為，將會有一些規範制度加以制止，社會才得以「存在」。

功能論的反省

是否社會事件的存在一定都具有功能？針對此，墨頓提出分析「功能」時容易犯的「錯誤」：功能一致性、功能普遍性與不可缺性等。「功能一致性」是主張每一個信仰與文化都對社會整體具有功能。這看法在小規模的社會如原始部落中或許成立，但現代社會未必如原始社會那樣高度整合、規模小而同質。

「普遍性」是指所有社會中既存的文化、行為、態度、信仰等事物都具備某種正功能。墨頓則認為結構與制度對社會整合不一定都是「正功能」，有時可能是危及社會整合的「反功能」。例如窮人的存在有激勵人心向上的正功能，但是當出現失業潮時，可能出現窮人會去搶銀行的反功能現象。除此之外，墨頓也提出「非功能」，意指某一個結構或制度與整體社會並不相干，如同盲腸的存在一樣，對身體運作並無影響。而「不可缺性」是主張某一結構與制度對社會功能上是必要且不可替代的。但事實上同一功能有可能被另一個結構或制度取代。

事物的存在都
具有正功能

傳統功能論觀點

對傳統功能論的反省

1 功能一致性

小規模社會的文化、信
仰，才對社會總體與個體
都具有功能。

例如：宗教有激勵人心、
整合的功能，在傳統部落
更見其影響力。

社會是高度整合的總
體，文化、信仰等對社
會與個人皆有功能。

2 功能普遍性

並非每一個社會的習俗、
觀念、信仰等事物都是正
功能，有可能是反功能或
非功能。

例如：有心人士藉宗教害
人。

所有的社會文化與結構
對社會總體與個人都具
有正功能。

3 不可缺性

社會結構與功能是可以被
替代的。

例如：宗教系統被科學教
育取代。

所有社會功能對社會而
言是必要的，沒有其他
功能可取代。

衝突才是社會本質─衝突論

衝突論認為社會各部分的關係，本質上是衝突的而不是和諧的。衝突論對功能論過分強調社會穩定的論調相當不以為然，認為社會變遷並不是緩慢進行，而是急遽地變化；衝突的結果不是回歸平衡，而是破壞。像是馬克思的「異化論」，或是批判理論對社會全面性地批判。

社會是衝突的集合體

馬克思認為社會的基礎是由「衝突」構成的，尤其是資本家與勞工階級的對立，他們並無共享價值與利益，資本家的目的就是剝削勞工的剩餘價值來致富，兩階級間的衝突、緊張關係即是歷史變遷的動力，馬克思就曾說歷史其實是一部階級鬥爭史。

資本主義下的階級鬥爭，使得人性的異化程度愈來愈高。人們已經忘記勞動是為了實現自我的目的，開始花錢買自己生產的商品，在消費中獲得滿足，並藉由商品來展現自己的性格，最後，商品似乎成為有生命的體系，反過來控制人們的生活。

因此，衝突論認為社會正走向全面性的「物化」，包括國家、法律與經濟，都變成獨立於人類之外的「生命體」，控制著人們的生活，人們至此失去批判能力，馬庫色稱此為「單向度的人」；也就是說，個體喪失批判與否定的思考能力，全然接受文明、科技所帶來的種種好處，以及所傳遞的意識型態。例如：追求服飾名牌，來彰顯自己的品味與個性；或者只是享受新科技的好處，卻忽略了科技所帶來的傷害。

全面性的反省─批判理論

批判理論受到馬克思思想的啟發，修正馬克思經濟決定論的觀點，並擴及批判的層面，包含了社會、政治、文化與日常生活等。

批判的目的不是漫無目標的批評，而是藉由分析、批判的過程，以彰顯社會不公平、不平等的本質。比方說，批判理論對「文化工業」的論點，他們認為文化工業所生產的文化商品，其實是「偽造的文化」，並不是真實的事物；是政府、資本家會了安撫人心所製造的文化假象，而非大眾自發而成的文化型態，目的是讓人民只懂享樂，失去了社會改革的動力。例如：「瓊瑤式愛情」讓少女對愛情有不切實際的想法、「好萊塢戰爭片」塑造美國是世界警察的角色。

工業化 ─產生→ 資本主義 ─產生→ 文化工業

造成異化現象
1.生產活動的異化
2.產品的異化
3.與同事間的異化
4.人性的異化

單向度的人
社會失去批判能力，全然接受資本主義的意識型態與優勢。

異化過程

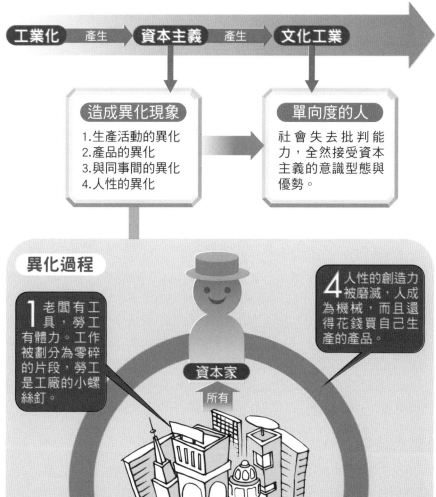

1 老闆有工具，勞工有體力。工作被劃分為零碎的片段，勞工是工廠的小螺絲釘。

4 人性的創造力被磨滅，人成為機械，而且還得花錢買自己生產的產品。

資本家
所有
異化

大樓是我蓋的，但我永遠買不起

2 勞工付出體力換取報酬，但是薪水永遠買不起自己蓋的房子。

競爭　競爭

勞工

3 為了在老闆面前求表現，要與同事競爭，才能獲得賞識。

微觀社會學—符號互動論

符號互動論主要關注的焦點在於人與人、人與社會之間的互動關係。他們認為人與人之間是透過個人心靈詮釋所進行的文化、價值的互動。例如：米德的主我、客我理論、高夫曼的劇場理論，或是顧里的「鏡中自我」等論點，都是強調人們互動時的心理過程，以及如何使用符號來互動。

理解社會從「心」做起

一般而言，動物遇到刺激就會有反應，例如用手打小狗，小狗就會叫，但是人類的反應並不是如此單純，因為人類在遇到外在刺激到表現出外在行為的反應之間，還有心靈的運作。心靈讓人類在遇到刺激時可以思考如何反應，例如有人打你，不僅是身體上感到痛，內心也會覺得這是一種羞辱，因此你的反應可能是打回去，或者是暗自哭泣。

符號互動論學者米德將心靈視為一種社會互動的過程，認為人們的行為絕不像低等動物一樣，只要刺激就有反應，人的大多數行動，都是在思考中完成並表現出來。像是打他人一巴掌，這個行為不只是包含「一巴掌」的攻擊動作，其中也包含了憤怒、生氣等情緒；精確地說，「一巴掌」是一種象徵物，端看在不同情境下的個人如何去詮釋它，這即是心智能力的「功能」—用以解釋外在的刺激。米德指出，心靈是使用象徵以及與內在對話的機制才產生反應，如果沒有心靈的運作，那麼人類就與低等動物沒有差別了。

語言的使用

既然心靈運作是人類互動的基礎，那我們如何了解彼此的心靈？這是因為我們具有共享的文化、價值，而溝通的內容正是這些文化與價值。在互動過程中，透過語言的使用傳遞並創造事物的意義。

日常生活的行為舉止、物體、或其他文字……我們之所以了解其意義，完全繫於語言的使用。例如：提到「紅燈」，你會想到「禁止通行」；即使是談到神秘或不存在的事物，像是「獨角獸」，也能想像其意義。換句話說，如果沒有透過語言來「描述」感官接收的事物，象徵物（例如一巴掌）的意義（代表羞辱）就不可能存在。

因此，語言的另一個功能是，可以提供人們經由命名、分類與記憶處理所遇到的社會情境與物質，例如透過語言我們可以清楚知道他人是扮演什麼角色，如「媽媽」代表為人母的角色，「老師」是教導學生的人等等。

符號互動的程序

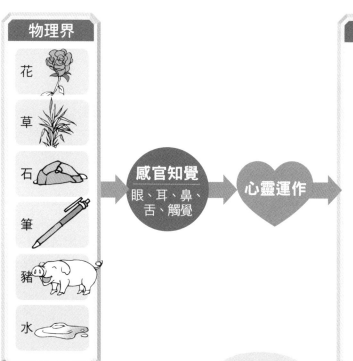

物理界

花

草

石

筆

豬

水

感官知覺
眼、耳、鼻、舌、觸覺

心靈運作

語言世界

一朵花

一堆草

一個石頭

一枝筆

一頭豬

一灘水

透過文化價值體系的運作

象徵系統

充滿愛意的「花」

希望的「小草」

不怕磨的「石頭」

文人的「筆」

你像「豬」一樣笨

「水」潑落地難收回

社會互動
一封情書

親愛的春嬌：
今天決定以家傳的鋼「筆」寫信給妳：
妳就像充滿愛意的玫瑰「花」，接近妳卻被妳刺傷，但是我就像是堅硬的「岩石」，不怕妳的刺。只是我笨得像「豬」一樣，直到現在才表達心意，我知道這封信寄出後，就如「水」潑落地難收回……

揭示日常生活規則的理論

現象學與俗民方法學常被一起討論，原因是兩者主要目的都是在揭示日常生活的規則，回答個體如何界定社會情境，與如何依據這些情境或解釋，以產生行動等問題。不過兩者採用的研究方法大為不同，現象學以理論和哲學推演為主，俗民方法學則是以經驗實證的方法為主。

來自生活經驗的俗民方法學

「俗民方法學」是葛芬柯在一九四〇年代所創。其理論的目的在於以經驗性研究的方式，找出日常生活中被視為理所當然的行為規則，「破壞性實驗」是最著名的例子。

「破壞性實驗」研究的背後預設是，社會建構是無時無刻都在進行，只是我們不自知，因此藉由破壞正常的互動程序，來發現人們從日常生活中創造新意義的方式。例如：把親友當成陌生人來對待，目的是為了從中發覺我們平時互動的規則。除了破壞性實驗之外，還有許多俗民方法學的有趣例子，像是公式化的對談研究，發現人與人對話中有一定的規則與邏輯，比如對方說「請用茶」，我們會回答「謝謝」等；也有學者探討對話中令人發笑的規則，發現對談中的發笑是有法則可循的，不是隨時想笑就笑，同樣地想要他人不對你笑，也有明顯的信號，如生氣、責難等。

簡單而言，俗民方法學的主題皆是來自日常生活中的實際經驗，較沒有高深、難懂的知識，而是從最平凡的地方揭示看似理所當然的生活規則，這也是它的迷人之處。

現象學的「存而不論」

當我們看到某一個事物，可能被偏見、文化價值、意識型態所「誤導」，因此我們不一定是看到「事物本身」。如何能看到「事物本身」呢？現象學認為唯有把這些經驗世界裡的「誤導」，暫時放入括弧中存而不論，才能發現事物的「本質」。現象學家胡塞爾稱此方法為「現象學還原」，即是在不斷去蕪存菁的過程，發掘人與外在世界的關鍵，其實就是「意識」。例如我知道這是一朵玫瑰花，我為何能知道呢？因為意識的意向性，意向性讓我們能夠清楚認識到玫瑰花。因此，現象學是從經驗世界裡，把干擾意識的因素暫時「存而不論」，進而探究經驗世界裡的事物本質。

俗民方法學的破壞性實驗

 正常對話 咖啡館內的服務生與客人

請問要點什麼咖啡？

我要一杯拿鐵，謝謝！

發現正常的互動規則是：
1. 服務生要招呼客人
2. 客人正確回答服務生的問題

破壞性實驗 以異常的方式發現正常的互動規則

請問要點什麼咖啡？

我要自己煮咖啡，不要煩我！

創新

產生新的互動方式

1. 制止→客人來店裡就要點餐，不能答非所問
2. 改變→服務生同意客人的需求：請問要點什麼咖啡？還是要自己煮咖啡？

現象學探討事物本質

文化的「偏誤」
同性戀是不道德的

意識型態的「偏誤」
同性戀會傳染愛滋病

事物本身
偏誤的存而不論，才能發現事物本質，即意識的意向性

同性戀情侶
同性戀是戀愛的一種模式

語言的「偏誤」
同性戀＝「娘娘腔」

理論上的兩難

「鉅觀理論」如功能論與衝突論，是以社會結構為研究主題，但對於個體的分析著墨不多，而「微觀理論」如符號互動論、俗民方法學與現象學，則強調個人與社會關係，但在社會結構分析上卻顯得不足。如果我們清楚理論上的侷限，在學習社會學時才不會陷入某一學派的窠臼，而有更寬廣的視野。

單一理論皆有不足之處

每一個理論都有其不足的地方，例如馬克思衝突論被批評為經濟決定論，太強調衝突，忽略了個體也有創造的能力；而功能論則遭受「為解釋而解釋」的拘囿，認為存在就是合理，忽略了權力控制下的不平等；微觀社會學中的符號互動論則對社會變遷的解釋基礎太弱，過於強調行動者的心靈過程，卻忽略社會結構的影響。然而，指出這些理論的不足之處，並不是「誰說得對」的判斷，而是理論家對社會某一面向所提出的觀點。

鉅觀與微觀

針對於此，紀登斯提出社會學理論上常見的兩難議題，第一個兩難議題即是，我們是受限於社會，還是能創造社會？也就是對「人類行動」的創造性與「社會結構」的操控性之間的爭論。衝突論認為我們受到資本主義的控制，行為表現與思想都「服膺」於上層階級所釋放的意識型態；相對來說，符號互動論強調人類行動的創造性，透過語言、符號，人類能主動「創造」新意義。

整合與衝突

社會是平和穩定，還是衝突不斷？舉例來說，對貧窮的看法，功能論主張貧窮是激勵人心向上的力量，也促使法律制度正當化；衝突論則認為貧窮是不平等現象，需要被改變。紀登斯稱此為整合與衝突的兩難命題。

「整合」就如同功能論的主張，社會雖然有衝突、不平等的現象，但是社會並沒有因而解體，因此社會制度必有某些功能存在，以維持社會和諧；相反地，「衝突」觀點則強調社會的衝突面，認為資源的分配不均以及結構上的不平等，是社會衝突的來源。

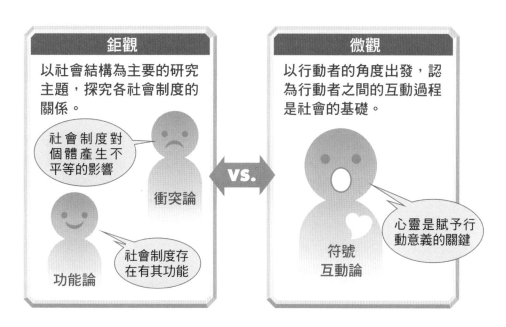

鉅觀

以社會結構為主要的研究主題，探究各社會制度的關係。

社會制度對個體產生不平等的影響

衝突論

社會制度存在有其功能

功能論

vs.

微觀

以行動者的角度出發，認為行動者之間的互動過程是社會的基礎。

心靈是賦予行動意義的關鍵

符號互動論

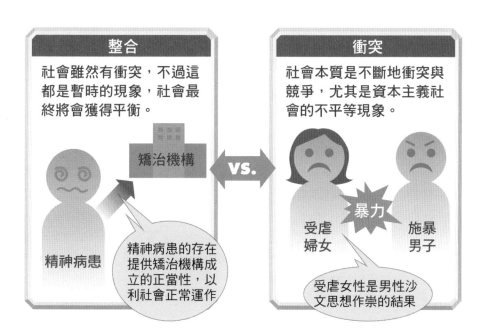

整合

社會雖然有衝突，不過這都是暫時的現象，社會最終將會獲得平衡。

矯治機構

vs.

精神病患

精神病患的存在提供矯治機構成立的正當性，以利社會正常運作

衝突

社會本質是不斷地衝突與競爭，尤其是資本主義社會的不平等現象。

暴力

受虐婦女

施暴男子

受虐女性是男性沙文思想作崇的結果

悲觀與樂觀

不同的社會學理論對於社會發展的看法也存在差異，最明顯的例子是馬克思主義與非馬克思主義對於此議題的分析觀點。這兩個理論的核心問題是，前者認為現代社會的發展決定於經濟因素，代表人物如馬克思；而後者則探究政治、文化等因素如何影響社會發展，代表人物如韋伯。

馬克思認為現代社會的人們是資本主義的信仰者，並強調經濟因素是社會發展的主因。其中「競爭」是資本主義社會的內在邏輯，資本家想盡辦法要賣出商品，想要賣出商品就必須比其他人賣得更便宜，所以要更新生產機器、降低成本，才能在競爭市場中取得領先。因此，資本家為了找更便宜的勞工、土地等生產成本，開始另闢市場向全世界發展，於是資本主義全球化由此開展。例如台灣企業外移到中國，就是為了節省成本，好讓商品有價格優勢。不過，馬克思對資本主義的未來是「樂觀的」，他認為資本主義產生的生產關係矛盾終將自取滅亡，而被社會主義取代。

相對於馬克思的「樂觀」，韋伯對當代社會的未來是「悲觀」的。韋伯認為資本主義最大問題不在於「經濟制度」，而是理性化的過度膨脹，理性化強調的計算性、效率等概念已經擴展到社會的每一層面，具體表現在科層組織中。科層制度是現代社會「公認」最具效率的組織，公司、學校甚至政府組織，皆需要分工合作、各司其職的科層制度來應付繁瑣事務與龐大人事結構。結果是誰也逃不過理性化的衝擊，韋伯稱此為資本主義的「鐵牢」，所以馬克思的社會主義烏托邦根本無法實現。

男性與女性

從男女比例來看，歷史上重要的理論大師都是男性，古典三大家是男性、當代社會學理論學者也多為男性，似乎女性只處於社會學知識的邊陲位置，然而這些男性的社會學家們並沒有真正認識到需要以性別為主的理論思考，例如所謂的「行動者」並不是「中性」，而是男女有別。

那麼，社會學應該如何探究性別？是否把性別歸於某一社會類別來思考，例如性別與職業取向，或者必須分別以男女所處的社會文化脈絡來分析其差異，例如傳統與現代婦女的職業取向。

性別議題在社會學想像中，也存在著對立的觀點：性別是差異，或是不平等？差異說主張，性別的社會差異是來自於生物差異，社會依據男女天生的不同而賦予不同的社會角色，因此男性的性格適合外出工作，女性則適合在家，這是性別分工的自然現象。

不平等說則駁斥「性別分工」的論述。馬克思認為性別不平等是來自於權力與階級的不平等，例如男性權力為何會比女性大，是因為男性的階級位置比女性高且能控制女性，因此女性被視為是男性的私有財產，是資本主義的產業後備軍。此外，種族與文化的「歧視」更加深女性地位與權力的不平等，讓此議題更為複雜，例如原住民的女性與漢族的女性所受的待遇各不同。

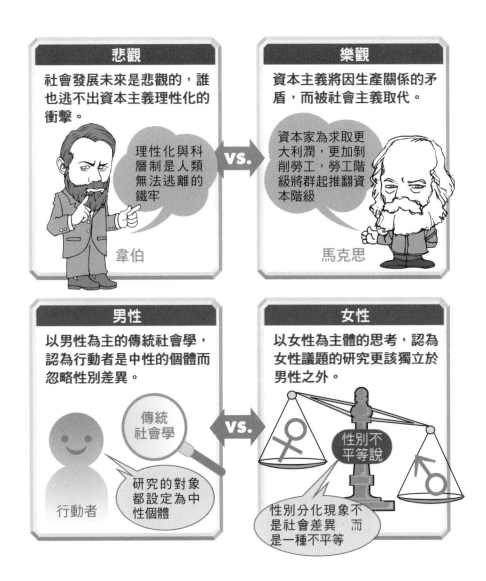

社會學的研究方法

研究方法是研究者如何看待、理解事物的方式，任何一種學問都有其專門的研究方法。社會學的研究方法是：社會學家透過蒐集資料、分析資料，並藉由一套「公定」的研究步驟，以理解外在事物的過程。大體而言，社會學的研究方法可分為兩類：量化研究與質性研究，無論是哪一種類型，都是認識社會不可不知的方法。

★ 社會學用什麼方法進行研究？

★ 社會學的研究步驟為何？

★ 理論派和應用派的研究有什麼關係？

★ 質性研究和量化研究有什麼不同？

★ 田野調查在做什麼？

★ 抽樣調查的結果準確嗎？

社會學的研究步驟

早期社會學被批評為不講究科學方法的學問，許多研究都來自個人主觀立論，或是以常識推斷結論，而缺乏科學根據。不過在十八世紀啟蒙運動之後，科學思潮影響了社會學後來的發展，開始強調以科學、客觀的態度與方法來探究社會現象，秉持「價值中立」的精神，以獲得客觀中立的結論。

提出研究主題

了解社會現象除了為改善社會、提供政府建言之外，「好奇心」是從事研究的主要動機之一。我們常從社會現象激起好奇心，進而提出了具體問題，例如我們看到社會上林立的夜店而想了解夜店文化，心中浮起像是「人們在Pub裡都是如何互動的呢？」、「為何喜歡去Pub？」等等一連串的問題。雖然光是憑藉著好奇心還不足以發展為社會學研究課題，但研究社會學卻不能沒有一探究竟的好奇心。

建立可測量的變項

有了具體問題後，接著要確立研究變項。所謂研究變項是指從問題中抽離出可以實際進行測量的項目，也就是可操作的定義。延續上述例子，如果我們想了解「哪些人常去Pub消費？」就得進一步把這一問句定義得更具體，成為可測量的問題。比方說所指的「哪些人是誰？」、「哪一種Pub？」、「如何消費？」……等。關於「哪些人」，可以從年齡、教育、性別等進行測量；至於是哪一種「Pub」呢？也可以從不同類型的Pub型態，如Disco Pub、Live band Pub、Lounge Pub等測量；而「消費」呢？是否店內消費、消費金額，以及消費偏好等，也都可以實際進行測量。如果研究目的是想知道變項與變項之間的關連性，就需要進一步確立「自變項」與「依變項」，例如「Pub文化對年輕族群夜生活的影響」，其中「Pub文化」是自變項，而受Pub文化影響的「年輕族群夜生活」則是依變項。

變項之間有什麼關係？

確立變項之後，通常還需要知道變項之間有沒有關係。變項間的「相關性」是指，當某變項（自變項）出現變化時會影響另一變項產生變化（依變項）。產生的變化關係有「正相關」與「負相關」兩種。正相關可類比為物理學上的「正比」，即是一變項的數值增加（或減少）時，另一變項的數值也隨著增加（或減少）。同理，負相關如同「反比」，一個變項值增加，另一變項

社會學研究必須以科學方法來進行，秉持著客觀的態度和價值中立的精神。

Step1
提出具體的研究問題　例如　想了解青少年藥物使用情形

Step2
設定可測量的變項　例如　青少年的教育程度(輟學、國中、高中)、收入（一個月的零用錢、是否打工、父母給錢）、消費情形（夜店、逛街、Pub、電影）、家庭情況（父母職業、單親家庭、隔代教養）⋯⋯等因素（自變項）對使用藥物與否是否有關（依變項）。

Step3
找出變項之間的關係　例如　研究發現，青少年群體中輟學生、一個月零用錢二萬元以上者、喜歡上夜店的青少年，與使用藥物有正相關。

Step4
確定變項的因果關係　例如　輟學生、或有一個月二萬元以上零用錢、喜歡上夜店背景（因）的青少年容易使用藥物（果）。

Step5
提出有信度與效度的研究成果　例如　這研究如果在學界、一般社會能得到認可，那麼這研究即是有效的，其結果可能是可信的。反之，則可能是無效且不可信的。

※說明：Step3-->Step4，社會學研究中變項間的因果關係，通常難以確定。因此，即使找到變項間的相關性，其間並不必然存在因果關係。

值反而減少。

確立因果關係

要確立變項間的因果關係，首先必須確定兩變項之間的相關性；其次是，確立兩變項中的自變項—「因」，而且在時間順序上一定在依變項—「果」之前；最後，還必須考慮是否有第三因素影響。由於社會學研究很難確定是否有其他因素干擾而造成「假相關」，因此社會學家在提出因果關係的結論時都相當小心謹慎。例如研究「氣候與暴力行為的關係」時，推論出：因為夏天氣候悶熱（因），所以人們容易產生暴力行為（果）。然而這樣的因果關係不見得成立，真正的原因也可能是因為夏天人們喜歡外出活動，彼此互動頻繁，因而增加了發生衝突與暴力行為的機會，那麼氣候並不直接造成暴力行為，而在這個例子中，「氣候」與「暴力行為」即是假相關。

研究的可信度與有效度

社會學研究與其他研究一樣，其結果都應該取信於所屬的研究社群，甚至是社會大眾，認為研究為真、結果是正確的。為了評斷研究的真、假與否，有兩種指標可供之判斷：「可信度」與「有效度」。可信度，也稱為「一致性」，是指當研究被所屬學術社群認同時，表示即使其他研究者重複研究相同題目，所得的結論理應相同。換句話說，一份具有信度的研究，表示其研究結論並非偶然或巧合的結果。有效度，是指研究是否有效的問題。所謂「有效」意指在研究中被認為能代表社會真實的情況，必須是在實際社會上可再現，例如一支尺，能在每一回測量物品時正確地「再現」物品的長度，那麼這把尺就稱為「有效」。而能正確地測量物品長度，不因哪一個人拿到這把尺，所得的結果都相同，這就是一把「好尺」，社會學研究也是如此。

理論派與應用派

社會學研究的形式粗略分為理論派與應用派。理論派研究以建構理論為目的，試圖修正某些理論，或重新建構一個新型態的理論，以解釋當前的社會現象，例如後現代理論、後結構理論。這些理論通常以「哲學」觀點和「艱澀」的語彙來論述，一般讀者很難理解其中「奧祕」。應用學派研究，則是以實證研究為主，研究過程中必須大量地收集資料，以建立一個「貼近真實」的研究論述。這種研究方式需要許多研究數據來支持研究結果，所用的語彙較容易閱讀，研究領域也相當廣泛，可說是現在社會學研究中的「主流」。理論派所建構的理論基礎，可以做為研究者解釋研究資料的依據，或是從既有理論中推

演、發現出具體可為的研究問題並形成研究架構；同樣地，應用派的研究方式把廣泛的實證資料做為理論基礎的養分，修正既有理論的不足之處，甚至歸納出新理論。所以說，兩種研究方式對社會學的貢獻同樣重要，而且相輔相成、缺一不可。

理論派與應用派的研究過程

應用派

以經驗歸納的
流程進行

理論派

建構新型態理論

觀察世界或從既有理論
中找出研究主題 ← **建構新型態理論**

由觀察與經驗中提出問
題假設

同意假設或否決假設

實際進行抽樣、測量

回歸現實經驗進行假設檢定

檢測假設是否成立

根據命題提出假設

推翻或同意假設，形成
具體命題

從既有理論中進行邏輯
推演，抽離出研究命題

建構新型態理論 → 以既有理論為基礎

重「質」，還是重「量」？

與經濟學所說的「品質」與「數量」不同，社會學上所稱的「質」、「量」是指兩種不同的研究取向而言，稱為「質性研究」與「量化研究」，這兩種研究方法都是社會學研究法的主流。不過，無論是質性、量化研究都有其優、缺點，而選用哪一種方法或是兩種並行使用，端看研究的目的而定。

強調統計的量化研究

量化研究是目前普遍的研究方式，例如常看到的民意調查，以問卷測量受訪者的態度、行為模式……等，再利用統計方法找出變項之間的關係，像是教育程度與薪資所得的關係、勞工階級對政黨偏好等，在收集資料加以分析後得出結論。因此，當研究對象、主題，可以被概念化成一些可操作的變項時，即可進行量化研究，例如青少年對嗑藥的態度。青少年（研究對象）可依教育、家庭、消費習慣等等區分為各個變項，嗑藥態度則可分為贊成、不贊成或無意見等，然後使用電腦進行統計分析。量化研究適合大規模的調查，例如台灣青少年同居問題等。

量化—研究客觀議題

量化研究一般被認為較為客觀，因為量化研究與被研究者的接觸少且不深，並相信在研究過程中產生的誤差，在統計原理下均可修正，在沒有研究者主觀陳述之下，一切都讓數字說話。儘管如此，卻沒有人能宣稱量化研究是絕對客觀的。韋伯雖認為研究者自身的價值觀不應該介入研究過程，但也不否認在研究前與進行資料分析時，個人價值都可能有意無意地滲入，像是選擇研究主題、設計問卷題目、解釋資料……等，都需要研究者主動介入，無法置身事外。所謂數字會說話，其實是人在說話。調查出的資料、數字必須透過人的詮釋，如果又經不同人士的解讀，所推演出的結論也會有所不同。

深入田野的質性研究

人類學家是最早以田野研究為其研究方式，後來社會學家借用了人類學的研究法，也稱其研究的場域為「田野」。田野研究（調查）是需要長時間地在某一個研究場域收集資料、進行研究。為什麼把田野調查稱為質性研究呢？田野研究的目的是要在自然情境下理解被研究者，或者要探討人們對某件事情的心理、意識與行動過程，這些主題往往不能以量化方式測量出其態度與行為。質性研究與量化研究在形式上的最大不同在於，質性研究很少去設定、操作變

項，而是經由訪談、觀察、記錄田野所發生事件。那麼質性研究適合哪種研究主題呢？舉例來說，如欲探討Pub裡的消費者的互動方式、了解圖騰對原住民的意義……等這些無法以化約、計量方式調查得知的問題，則以質性研究方式比較容易展開研究

質性—研究倫理議題

質性研究引領研究者與被研究者進行長時間、親密性高的接觸，因而特別容易形成倫理議題。例如，當深入某一文化部落時，研究者的角色是一個完全參與者、一般觀察者，或者只是一個陌生人呢？對其文化價值是要「假裝」相信，還是「確實」相信？通常研究者介入愈深愈容易陷入倫理的兩難，例如想與原住民保持距離，又想深入獲取研究資料。在客觀與否的問題上，質性研究主張與被研究者保持「有點黏又不太黏」的關係。「黏」表示要進入被研究者生活世界，才能了解為什麼被研究者會有如此的觀點；「不太黏」則警告如果全然相信被研究者的文化與價值，將會失去原本研究架構，唯有保持適切的距離才能思考人們接受某一信仰的原因。

量化與質性研究比較

比較項目	量化研究	質性研究
特徵	把人類的行為與態度簡化為以數字測量的研究法。	希望能完整呈現被研究者的意識與行動的研究法。
目的	抽取部分樣本，推算母群的結果。	比較沒有樣本與母群問題。
樣本數	較多	不一，也可能是一個人
與被研究者關係	疏離	親密
倫理問題	較少	較多
優點	化繁為簡，把複雜人類行為簡化，便於研究與分析。可較快速獲得研究資料。	較能完整呈現人類行為的全貌。需長時間經營才能獲得資料。
缺點	人類的許多行為無法化約成為數字。	被質疑此種研究方式不夠客觀。

社會統計如何進行？

社會統計是目前最普遍使用的調查方式。社會統計能把複雜的社會現象化約為一組組的數字，經過電腦統計，幾秒鐘時間即能分析出複雜的社會現象。例如把對某一事件的態度，劃分為非常贊成、贊成、不贊成、非常不贊成四等分並分別給分，最後以統計表格呈現各種經過計算後的調查結果。

描述性統計方法

社會學研究往往需要收集龐雜的資料—例如我們進行「了解電腦使用情形」的市場調查，調查對象是一千位青少年，每一份問卷有一百道題目，那麼總共會有十萬個答案—如此龐雜的資料在未經整理之下，沒有人能夠直接找出任何有意義的結論。因此，我們需要藉由統計方式來簡化資料，而描述性統計是很好的方式。

描述性統計是一種很容易使用、理解的描述資料的方法，可用來說明單一變項，如擁有電腦人數占85%；或者描述兩個以上變項間的關係，如擁有電腦者與每日上網時數成正相關。描述性統計除了常用來找出變項間的相關性，也常用來描述哪些自變項影響著依變項，並找出一條迴歸方程式來描述，稱為「迴歸分析」。另外還有因素分析、路徑分析等，也都屬於描述統計的範疇。

推論性統計方法

有些量化研究的的目，不單只是對某一群體特徵的描述，更想知道整體的特徵，可是社會學研究通常不可能做到全面性的普查，只能運用機率與統計概念，從母群中抽出一群人進行調查，再以此代表母群特徵。此種「以小推大」的社會統計稱為推論性統計。

推論性統計的基礎建立在機率理論上，主要問題是要抽多少樣本才能代表母群全體？基本原則是樣本數愈多愈好，相反地，樣本愈少，想要推估母群就愈困難，其結果誤差也愈大。此外，抽樣方式也會影響結果，例如想知道某一社區青少年男女對同居的態度，就須先知道該社區青少年男、女人數及比例（假設比例為8：2），再依其比例進行抽樣（則男女樣本數為8：2）。如果不管母群特性而隨意抽樣（例如男女樣本數為3：7），就無法確定取樣是否能代表該社區所有男女生，其研究結果產生錯誤的機率相對大很多。

推論性統計的進行方式

訂立研究主題
以「台北市青少年對同居的態度」為例。

擬定研究假設
不同性別對同居的看法有差異。

了解母群特徵
對台北市青少年人口結構進行了解。

研訂問卷題目、抽樣
設計問卷，選擇適合母群的抽樣方式。

提出虛無假設
不同性別對同居的看法沒有差異。

1. 發放問卷、回收問卷。
2. 將回收問卷的資料輸入電腦，進行統計檢定。

依據問卷結果 拒絕虛無假設
表示研究假設「不同性別對同居的看法有差異」成立。

依據問卷分析接受虛無假設
表示研究假設「不同性別對同居的看法有差異」不成立。

此研究「成功」。台北市男女生對於同居的態度的確有著顯著的差異。

此研究「失敗」。檢討研究過程哪個步驟出了問題。

一般推論統計研究中，虛無假設是指與研究假設相反的假設，藉由推翻虛無假設以間接證實研究假設為真。

1. 《女性主義觀點的社會學》，Pamela Abbott & Claire Wallace著，俞智敏等譯，台北：巨流出版社，1995年。

2. 《工作、消費與新貧》，Zygmunt Bauman著，王志弘譯，台北：巨流出版社，2002年。

3. 《古典社會學思想》，張維安著，台北：幼獅出版社，1993年。

4. 《休閒社會學》，Partrica A. Stokowski著，吳英偉、陳慧玲譯，台北：五南出版社，1996年。

5. 《見樹又見林：社會學作為一種生活、實踐與承諾》，Allan G. Johnson著，成令方、林鶴玲、吳嘉苓譯，台北：群學出版社，2001年。

6. 《東方社會學：社會學知識論》，陳秉璋著，台北：唐山出版社：1995年。

7. 《知識與行動：中華文化傳統的社會心理詮釋》，黃光國著，台北：心理出版社，1995年。

8. 《社會的麥當勞化》，George Ritzer著，林祐聖、葉欣怡譯，台北：弘智文化，2001年。

9. 《社會研究的統計與分析》，李沛良著，台北：巨流出版社，1988年。

10. 《社會學：Q&A》，James W. Zander等著，彭懷恩譯，台北：風雲論壇出版社，1992年。

11. 《社會學》，Neil J. Smelser 著，陳光中等譯，台北：桂冠出版社，1991年。

12. 《社會學和本土化》，葉啟政著，台北：巨流出版社，2001年。

13. 《社會學動動腦》，Zygmunt Bauman著，朱道凱譯，台北：群學出版社，2002年。

14. 《社會學理論，上下冊》，George Ritzer著，馬康莊、陳信木譯，台北：巨流出版社：1989年。

15. 《後現代性》，Barry Smart著，李衣雲、林文凱、郭玉群譯，台北：巨流出版社，1997年。

16. 《後現代理論：批判與質疑》，Steven Best & Douglas Kellner 著，朱元鴻等譯，台北：巨流出版社，1994年。

17. 《消費文化理論》，陳坤宏著，台北：揚智出版社，1995年。

18. 《規訓與懲罰：監獄的誕生》，Michel Foucault 著，劉北成、楊遠嬰譯，台北：桂冠出版社，1992年。

19. 《都市社會學》，蔡勇美、郭文雄著，台北：巨流出版社，1984年。

20. 《當代法國倫理思想概論》，馮俊著，台北：遠流出版社，1994年。

21. 《當代社會理論》，Ian Craib著，廖立文譯，台北：桂冠出版社，1991年。

22. 《餘暇社會學》，加藤秀俊著，彭德中譯，台北：遠流出版社，1989年。

23. Anthony Giddens. (1993). *Sociology*. Cambridge: Policy.

24. John Fiske. (1989). *Reading Popular*. Boston: Unwin Hyman.

25. Michel Foucault. (1977). *Discipline and Punish*. London: Allen Lane.

26. Pierre Bourdieu. (1989). trans. Richard Nice. *Distinction: A Social of the Judgment of Taste*. London: Routledge.

國家圖書館出版品預行編目資料

圖解社會學/ 吳逸驊著 —二版 — 臺北市：
　易博士文化，城邦文化出版：家庭傳媒城邦分公司，2011.04
　面：公分. —（Knowledge base：b3）
　大字版
　ISBN 978-986-120-723-0（平裝）
　1. 社會學
540　　　　　　　　　　　　　　　　　100005051

Knowledge Base b3

圖解社會學（大字版）

作　　　者／吳逸驊、易博士編輯部
企 畫 提 案／蕭麗媛
企 畫 執 行／賴靜儀
企 畫 監 製／蕭麗媛

主　　　編／賴靜儀
業 務 副 理／羅越華
總 編 輯／蕭麗媛

發 行 人／何飛鵬
出　　　版／易博士文化
　　　　　　城邦文化事業股份有限公司
　　　　　　台北市中山區民生東路二段141號8樓
　　　　　　電話：(02) 2500-7008 傳真：(02) 2502-7676
　　　　　　E-mail：ct_easybooks@hmg.com.tw
發　　　行／英屬蓋曼群島商家庭傳媒股份有限公司城邦分公司
　　　　　　台北市中山區民生東路二段141號2樓
　　　　　　書虫客服服務專線：(02) 2500-7718 、2500-7719
　　　　　　服務時間：週一至週五上午09:30-12:00；下午13:30-17:00
　　　　　　24小時傳真服務：(02) 2500-1990 、2500-1991
　　　　　　讀者服務信箱：service@readingclub.com.tw
　　　　　　劃撥帳號：19863813
　　　　　　戶名：書虫股份有限公司
香港發行所／城邦（香港）出版集團有限公司
　　　　　　香港灣仔駱克道193號東超商業中心1樓
　　　　　　電話：(852) 2508-6231 傳真：(852) 2578-9337
　　　　　　E-mail：hkcite@biznetvigator.com
馬新發行所／城邦（馬新）出版集團【Cité (M) Sdn. Bhd.】
　　　　　　41, Jalan Radin Anum, Bandar Baru Sri Petaling,
　　　　　　57000 Kuala Lumpur, Malaysia
　　　　　　電話：(603) 9057-8822 傳真：(603) 9057-6622
　　　　　　E-mail：cite@cite.com.my

封 面 構 成／陳玉韻
美 術 編 輯／陳姿秀
書 籍 插 畫／溫國群
製 版 印 刷／卡樂彩色製版印刷有限公司

■大字版 2014年03月11日初版7刷
■大字版 2011年04月19日初版
■原　版 2004年09月03日初版
ISBN 978-986-120-723-0
定價270元　HK$90

Printed in Taiwan

城邦讀書花園
www.cite.com.tw